走過
倉央嘉措的傳奇

尋訪六世達賴喇嘛的童年和晚年，
解開情詩活佛的生死之謎

邱常梵◎著

目錄

尋找音律之海

　　從來沒有一位達賴喇嘛的一生像他一樣曲折離奇；從來沒有一位達賴喇嘛的故事像他一樣充滿傳奇色彩；也從來沒有一位達賴喇嘛圓寂了三百年，人們依然牢記著他的名字，而這些人不只有藏人，還有漢人，還有外國人，他們記住他不是因為他的政治偉業，也不是因為他的宗教修行成就，僅僅只是因為他所寫的詩歌，雖然正史記載他不守清規，不穿袈裟，蓄長髮，歌舞遊宴，出宮尋歡作樂，以致被罷黜，但他的詩歌仍如夜明珠般，在不同的時空裡燦爛發光。

　　這人是誰呢？他就是六世達賴喇嘛倉央嘉措。

　　第一次聽到這個名字是在十四年前。2000年7月，我辦理留職停薪，原本計劃西藏自助行，恰逢台灣政黨輪替，新總統上任，中國官方嚴格禁止台灣散客於西藏自治區單獨旅行，只能團進團出，不得已我參加了台北一家口碑不錯的旅行團，由青藏公路入藏。

　　那是我和雪域高原的第一次接觸，也是我和六世達賴喇嘛倉央嘉措結緣的初始。

　　抵達拉薩後參觀布達拉宮（五世達賴喇嘛時期擴建），看到八座靈塔，從五世到十三世達賴喇嘛（十四世達賴喇嘛因流亡印度，被摒除在外），唯獨沒有六世達賴喇嘛，漢族地陪解釋因為六世達賴喇嘛有一些特殊行徑，褒貶不一，因此未立靈塔。他簡單介紹六世達賴喇嘛倉央嘉措是西藏歷史上行徑最特別的一位活佛，至今仍以無數膾炙人口的詩歌活在人們心中，因受政權鬥爭所累，在位僅八年就被廢黜押往京城，途中於青海湖畔圓寂，享年24歲。

　　地陪繼續介紹五世及十三世的生平事蹟，他們兩位是歷代達賴喇嘛中最豐功偉業的頭號人物，我聽著聽著，思緒卻不知不覺飄遠……。

　　24歲就死了，好年輕呵！對照現代人一生，24歲不正是大學剛畢業的社會新鮮人嗎？青春意興風發，生命之歌才正要高揚，就劃下了終止符。

倉央嘉措，這位身為政教合一、位高權重的西藏最高領袖，為什麼會寫下膾炙人口的詩歌？為什麼會拒絕象徵權利地位的達賴喇嘛身份而寧為普通凡夫？

　　從那天開始，倉央嘉措這個名字，就帶著傳奇意味在我心中埋下一粒種子。旅程結束，回到繁華台北，重返繁瑣的俗世生活軌道，這個名字也深埋心底。

　　2005年9月，我幸運地申請到西藏大學「留學生中心」的入學許可，拿到一年學生簽證，獲准於位在拉薩的西藏大學學習藏語文，從最基礎的藏文30個字母和4個母音牙牙學語，擔任我們班《藏語語法基礎格式》課程的藏族老師，某天教唱了一首藏文民謠，歌詞中文是：

　　「潔白的野鶴啊，請你借我雙翼，不到遠處高飛，理塘轉轉便回！啦啦啦啦啦啦啦……，不到遠處高飛，理塘轉轉便回！」

　　老師介紹這是一首藏地家喻戶曉的民謠，作詞者是六世達賴喇嘛倉央嘉措，這首詩預言了他的下一世將在理塘（位於藏東，今屬四川省甘孜藏族自治州）誕生，後來果真應驗。

　　噢，倉央嘉措！這帶著詩意般的名字頓時從記憶深處湧現，清朗地走到我眼前來，簡潔的歌詞配上民謠風的曲調，很快地，全班每一位同學都琅琅上口，邊唱邊搖頭晃腦，笑逐顏開，顯然唱藏歌比上文法課有趣多了。

　　三百多年前的倉央嘉措，不知會不會預知在三百多年後的某一個秋日，會有15位來自世界各地不同民族的西藏文化愛好者，從二十多歲到五十多歲的男女學生，一起歡歡喜喜哼唱著他的詩歌呢！

　　不久在逛拉薩書店時買到一本根據1982年西藏人民出版社出版的《倉央嘉措及其情歌研究》一書修訂重編的《六世達賴倉央嘉措情歌及秘史》，修訂本出版於2003年，前半部收錄了10位不同作者翻譯的倉央嘉措情歌，為讀者呈現出不同譯者的文采，後半部是《倉央嘉措秘

史》，作者爲拉尊・阿旺多吉，譯者爲莊晶。

「秘史」，好吸引人的標題！迫不及待一口氣看完，書中說倉央嘉措並未在1706年死於青海湖，而是遁走，先在藏區、印度、尼泊爾輾轉朝聖十年，然後化名爲阿旺曲吉嘉措，在內蒙古一帶弘法三十年，最後於1746年圓寂。

作者是倉央嘉措的得意弟子，全書分成三章，第一章簡略記述倉央嘉措降生、剃度、坐床諸事；第二章記述他自青海湖畔遁走後，爲眾生而苦行、修持的過程；第三章記述他駕臨多麥地區❶造福眾生及最後圓寂的情形。文末特別指出該書是應幾位大德們之命而寫成，幾位大德包括宗喀巴教主之化身赤甲納巴・洛桑旦白尼瑪、堪布阿旺強巴活佛、賽科寺座主夏魯瓦・洛桑班登等人，都是那個時代赫赫有名的人物。

啊，原來倉央嘉措24歲時並沒有死在青海湖畔，難怪藏族民間流傳一首俗諺：「格薩爾王的故事多，百姓嘴裡念的佛語多，倉央嘉措跨過的門檻多」，意思是倉央嘉措摒棄了深居宮殿的達賴喇嘛高位，走入民間，爲眾多百姓講經說法、祈福、消災。

倉央嘉措又再一次觸動了我的心靈，曾經爲他青春即逝的短暫生命感到不勝淒涼，無限惋惜，當下有了一個轉圜的退路，雖然有人質疑這本秘史的眞實性，但我仍選擇相信，不過當時也僅止於此而已，50歲在異鄉雪域佛國重當學生，新角色新生活，每天都是一個嶄新的日子等著我探索，讓我並沒有太多時間及心思再去想倉央嘉措的一生，那時更絲毫都沒動念有朝一日要寫一本有關他的書。

時過境遷，已過了多個年頭，爲什麼如今才要提筆寫倉央嘉措呢？

---

❶多麥地區又稱安多地區，是青藏高原東部的一個重要藏族文化地區，範圍大約在今日青海省的海北、海南、黃南、果洛四個藏族自治州和甘肅省的甘南藏族自治州和四川省的阿壩藏族羌族自治州北部。

我自己思前想後也覺得這一切真的很奇妙，或許，最恰當的解釋就是佛家所說的「業力牽引」和「因緣不可思議」吧！

我永遠難以忘懷那促使我下定決心要寫倉央嘉措的一刻。2013年3月，幾經曲折，我進入蒙古騰格里沙漠，探尋一間傳說是倉央嘉措建立及圓寂所在的小寺廟，一路顛簸，當那間小寺廟越過漫天風沙，海市蜃樓般現身時，刹那夾雜著萬馬奔騰的力量，迎面衝擊著我的心靈，瞬間我被一種穿越時空、與倉央嘉措佛心相連的悸動所折服。

我眼眶中蓄滿淚水，無法想像要如何在完全沒有公路抵達的沙漠中建寺廟，現代都不容易了，遑論三百年前，是什麼樣的願心才會有這樣巨大的力量？又是什麼樣的人才會擁有這樣堅定的願心？

直到執筆的這個當下，我依然清晰記得那份震撼與悸動，就是那一刻，我下定決心：無論這個人到底是不是隱姓埋名的六世達賴喇嘛倉央嘉措，我都要寫出他的故事！

歷代達賴喇嘛和班禪都有官方撰寫的正式傳記，唯獨六世達賴喇嘛倉央嘉措沒有，他的生平事蹟也找不到多少百分之百真實可信的文字記載，以致連彼岸著名藏學家牙含章在撰寫《達賴喇嘛傳》（資料來源主要依據藏文版的歷代達賴喇嘛傳）一書時，也只能以「撲朔迷離的達賴倉央嘉措」這樣一個標題來簡略介紹他的生平而已。

我非專家學者，沒有能力為倉央嘉措寫傳記或評論，我只是基於同為藏傳佛教徒的身份，單純地想追隨他走過一生，隔著時空緬懷他，或許該說是把我的足跡印記在他三百年前走過的足跡上，隔著時空會擦撞出什麼火花呢？可能只是風來疏竹，雁渡寒潭，什麼也沒有，但我仍相信，只要虔誠付出、認真走過，必有收穫。

如果您現在正在看這段文字，我想您和倉央嘉措之間必定也存在著某種業力牽引的因緣，那麼，就一起啟程吧，一起去追尋倉央嘉措的足跡，走過他傳奇的一生！

【第一部】 從終點開始的追尋

一封從蘇州飄洋過海到台灣的信

開啓一場以終點爲起點的尋覓之旅

蕭瑟冬日行過青海湖、賀蘭山、騰格里沙漠

冥冥之中佛心牽繫，助緣迭起

倉央嘉措的傳說從塵緣中現身

我似一葉輕舟，穿梭三百年歲月之流⋯⋯

緣　起

廣宗寺冬日全景圖

故事要從一封信說起，一封寄自大陸江蘇省蘇州市的信，飄洋過海，輾轉來到台北～

2005年我獨行滇藏川五十多天，為分享給好友寫下旅程中「隨緣走，隨緣遇眾生」的一篇篇故事，隔年由「法鼓文化」出版《聽見西藏──在雪域中遇見自己》，那是我今生的第一本書。之後，大陸華東師範大學出版社買下簡體字版權，2012年6月，更名為《遇見西藏──心靈朝聖之旅》於內地出版。

幾個月後，法鼓文化出版社的編輯轉給我一封對岸讀者寄來的信，我看著那封有點厚的小公文信封，意外又好奇，在網路資訊發達的今日，大多數讀者都是email和我聯絡，是什麼樣的讀者仍然維持著傳統的郵寄習慣呢？

打開一看，是一位朱姓導遊，自稱是「藏迷」，這些年跟隨一位台籍旅美的人類學家鄭教授走過6次藏區深度行，他們倆都看過我的書，印象很好，力邀我參加年底即將舉辦的活動，並要我告知通訊處，因為鄭教授不用網路也不用手機，聯絡方式仍習慣以書信為主。

信封中所附的一疊資料，全和鄭教授有關，包括他在台灣發表過的幾篇人類學的文章、大陸媒體採訪他的報導、他出版過的幾本相關西藏書籍的介紹以及年底帶隊「內蒙寧夏秘境之旅」行程表，我快速翻看，有一張資料吸引住我的視線，標題是「六世達賴喇嘛倉央嘉措與阿拉善左旗廣宗寺」，簡略地介紹了六世達賴喇嘛倉央嘉措，搭配他長眠之地（賀蘭山下廣宗寺）、靈塔和塑像的照片，並引用了一首名為「那一年」的詩，說是倉央嘉措著名的情歌，23歲之前所作。

那一刻，我升起風馬旗，不為祈福，只為守候你的到來。
那一日，我疊砌瑪尼堆，不為修德，只為放下心頭的石子。
那一月，我搖動所有的轉經筒，不為超度，只為觸摸你的指紋。
那一年，我一路磕長頭，不為朝佛，只為貼著你的溫暖。
那一世，轉山轉湖轉佛塔，不為修來世，只為途中與你相見。

本來一開始看到資料，還引發我的好奇心：倉央嘉措真的是長眠於賀蘭山下的廣宗寺（又稱南寺）嗎？才動念有機會應該親自前往走一趟，但接著讀到引用的這首詩，剛點燃的熱情就被問號取代了。

倉央嘉措舊荼毗（火化）塔

　　即使我沒有特別研究過倉央嘉措的詩，也知道這首詩不是倉央嘉措
寫的，是朱哲琴1997年CD專輯《央金瑪》中歌曲〈信徒〉的歌詞，被
穿鑿附會爲倉央嘉措的詩，在網路廣爲流傳，還衍生成各種版本，有一
版本最後還加上：

> 只是，就在那一夜，我忘卻了所有，拋卻了信仰，捨棄了輪迴，
> 只爲，那曾在佛前哭泣的玫瑰，早已失去舊日的光澤。

　　雖然整首詩情韻十足，耐人尋味，但絕非倉央嘉措所作。這位鄭教授若是「西藏通」（借用朱導遊信中用詞），為何連這點都不知道呢？

　　我回信向朱小姐致謝，委婉說明我習慣獨行不喜歡跟團，最後禮貌性地留下台北通訊地址，請她轉告鄭教授。

　　之後已退休的鄭教授自美返台，從嘉義民雄老家親筆給我寫了一封信，首先說明他之前就看過我在台灣出版的「大著二書」（指《聽見西藏——在雪域遇見自己》和《魔鏡西藏——拉薩遊學一年記》），讚賞後，邀我加入他2013年走西藏阿里無人區加川藏公路的隊伍，他表示若能以我的文學素養再寫一本有關阿里的書，那就更加完整了，信封中還附了厚厚一份行程資料。

　　我回信致謝，婉拒他的邀請，說明阿里我已走過一回，等崗仁波齊神山本命年（2014年）再前往朝聖第二回後，就會提筆寫書。信末，我敝帚自珍地推薦了自己剛出版的新書《極密聖境‧仰桑貝瑪貴——從500公尺到4000公尺的朝聖》，和鄭教授分享。

　　回信後，我在1月上旬出發前往位於中印邊界喜馬拉雅山區的藏傳佛教聖地貝瑪貴，直到2月初回到台灣過農曆年。再度收到鄭教授來函，說已在故鄉讀完我的新書，他說：「看來，您吃過不少苦，值！」接著他對我提了個建議：

　　「六世達賴喇嘛倉央嘉措在坊間特別火熱，目前已發熱到台灣，有不少版本，但那些作者對倉央嘉措的童年（從出生到十五歲）卻一片空白，據我所知，他的童年故鄉目前歸印度管轄，有中國人也寫過倉央嘉措在故鄉的點點滴滴，不仔細，很難懂，因為他們沒有深入印度轄區，如果您肯發心去倉央嘉措的故鄉（印度），把童年→中年後（在內蒙古阿拉善）到壽終（廣宗寺）連綴起來，構成倉央嘉措完整的一生，那一定洛陽紙貴……，說他24歲死於青海湖，證據太弱了，官方只有短短的幾句話，不足採信，倉央嘉措活了64歲（1683～1746）才對。」

廣宗寺位於賀蘭山西麓，俗稱南寺

　　我查了一下資料，倉央嘉措的故鄉在西藏錯那縣的達旺（Tawang）地區，目前由印度管轄，與我《極密聖境・仰桑貝瑪貴》一書背景地貝瑪貴同屬於印度阿魯納恰爾邦，只是貝瑪貴位在東北邊，達旺位在西邊緊臨不丹，鄭教授認爲我既然去得了貝瑪貴，應該也去得了達旺，這個優勢凌駕於被印度官方禁止進入該區的大陸人。

　　看到這裡，我內心深處那顆埋藏已久的倉央嘉措種子，宛如被一陣風吹動，輕輕地搖擺了起來。

　　儘管那個當下我並不確定自己一定去得成達旺，因爲印度政府對阿魯納恰爾邦管制嚴格，我四次進入貝瑪貴朝聖都是由上師的寺廟代爲申辦許可證，對能否前往達旺毫無把握。但換個角度想一想，既然我也選擇相信倉央嘉措24歲被執送京城途中並沒有死在青海湖畔，那何妨先走一趟賀蘭山，去看看傳說中他遁走後弘法三十年的內蒙阿拉善地區及最後長眠的廣宗寺，同時也可以順便去一趟攸關他撲朔迷離生死的青海

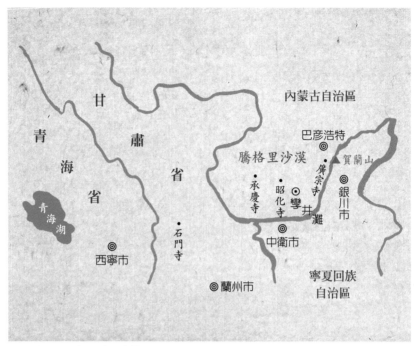

2013年3月，冬日追尋之旅簡圖

湖，不管對瞭解倉央嘉措後半生有沒有幫助，至少也是一趟別緻的冬日之旅！

　　主意打定，立刻行動，先上網搜尋相關資料，花了許多時間，結果卻很失望。廣宗寺的資料不少，只是全都大同小異，至於傳說倉央嘉措圓寂處「承慶寺」和肉身法體移至廣宗寺之前暫放處「昭化寺」，介紹都很簡單，找不到如何前往的資料，只知位於沙漠深腹和邊緣，騰格里沙漠那麼大，我要如何尋找？這下要怎麼辦？我不死心，嘗試著變換不同關鍵字一次又一次搜索，終於，看到一份遊記，提到昭化寺位在「孿井灘」，從巴彥浩特有客運車前往。巴彥浩特我知道，孿井灘？從沒聽過，有點奇怪的地名。

　　未知代表著可能有驚喜在那裡等著我，未知也代表著有無限的希望，興奮的漣漪在心中逐漸擴散，追尋之旅就要展開……

零下9度的青海湖

零下9度的青海湖

2013年3月15日我抵達西寧，旅館裡的告示版顯示今日溫度為攝氏負3度到13度，但感覺不太冷，可能因為空氣乾燥，迥異於台灣的溼冷。

西寧是青海省的省會，號稱青藏高原第一大城市，熱鬧程度不輸內地，由於夏季平均氣溫不超過攝氏20度，自古以來就是避暑勝地，有「中國夏都」之稱。這裡混住著幾種民族，走在街上，迎面而來除了漢人外，看到最多的是男戴白帽女圍頭巾的回族人，還有身穿藏紅色僧服或傳統藏袍的藏族人，至於蒙古族、滿族及土族等其他民族就不容易分辨得出。

西寧海拔約2200公尺，依照我的經驗，在二千多公尺的高處先停留一天，身體會自我調整以適應更高海拔。隔日一早我搭客車前往離青海湖最近的黑馬河鎮，中午便身處海拔3200公尺的青海湖畔了。

住進一間位在環湖公路14.5公里（0公里由黑馬河鎮開始）、大陸背包客大力推薦的湖邊民宿，藏族老闆被網友暱稱為「且卻大叔」。民宿分散在公路兩側，我想住比較靠近湖的小屋，且卻大叔說那小屋不是磚房，只適合夏季住，冬天非常冷，堅持我必須住靠公路裡側的磚房，他們全家人也都住那兒。

放下行李，迫不及待前往湖邊拍照，且卻大叔叮嚀在結冰湖面行走要特別小心，注意腳下冰塊，避開有裂隙的地方。我記得看到的資料是說從11月至翌年3月湖面結冰，冰層厚度會達到60～80公分，便問：

「現在才3月，冰會3月就開始融化嗎？一般不都4月？」

3月中旬靠岸邊的冰層開始融化

「是沒錯啦，但有些冰層厚、有些冰層薄，還是要小心。」且卻大叔笑著回答。

越過公路，緩緩下坡走過乾枯草地及沙礫地，來到湖邊，佈滿大大小小的石頭，果然有些冰層還很厚，有些卻已溶化了，看得到流動的水。我試著往湖中央走，有點滑，不敢走遠，還是回到岸邊，走石塊安全些。

天候不佳，天空和湖面一片灰暗，這面積等同四十個日月潭大的青海湖，望不到邊際，景觀單調得很，難怪剛剛且卻大叔帶著不解加婉惜的口吻說：

「怎麼會這個時候來？青海湖最美的季節是夏季啊！」

夏季的青海湖水波蕩漾

青海湖是中國最大的內陸鹹水湖，二千年前漢朝時叫它「西海」，因蒙古語稱「庫庫諾爾」，藏語稱「措溫波」，二者都是「青色大海」的意思，所以漢名就稱為「青海」。我曾多次搭青藏鐵路火車經過青海湖，但都是遠眺，真正遊覽只有兩回，一回7月一回9月，湛藍天空下，青海湖真的就像一望無際的青色大海。

所以我當然知道青海湖最美的季節是各式野花綻放的夏季，我聽了且卻大叔的問話微笑不語，等到晚上和他們一家用過晚餐，邊烤火邊喝酥油茶邊聊天時，我才告訴他，我是為了倉央嘉措才會在寒冬來青海湖，想體會三百年前他的感受。意外地，且卻大叔也知道倉央嘉措的故事，我興奮地追問：

「那您相信他是死在青海湖還是逃走在內蒙弘法三十年，最後圓寂在阿拉善？」

「這我不知道啦，反正很多種說法都聽過。」

「喔，那麼請教您，這附近有叫貢嘎淖爾或更尕瑙爾的地名嗎？」這地名是不同資料記載倉央嘉措於青海湖畔死亡（或遁走）之處，我查過地圖，沒找到。

且卻大叔想了半天，回答好像沒有。他補充說以前他們家住山區，十多年前才搬到湖邊，剛來時，全家人都住帳篷，只有一頭牛一頭馬一頭羊，然後「一年賺一年花」，存了一點錢就投入旅遊設施，接待遊客，由於他不像其他業者在旺季抬高房價，每個客人住過後感受到他為人的真誠，都主動宣傳，如今，每個夏季他家生意火爆，一房難求，還需在湖邊搭臨時帳篷疏解客潮。

知道我略懂藏文後，且卻大叔很高興地拿出一本藏文小冊子送我，是青海湖附近藏民的創作文集，書名叫《湖邊人家》，他有點不好意思又有點驕傲地翻到一頁對我說：「這首詩是我寫的。」

我睜大了眼睛誇獎他，拜託他為我朗讀，他清清喉嚨專注地開始大聲朗讀，雖然我的藏文程度有限聽不懂，但整首詩帶著押韻，抑揚頓挫。我望著眉飛色舞的且卻大叔，既佩服又吃驚，連牧民都能一手趕牛羊一手寫詩歌，這到底是藏族的天性還是受到倉央嘉措的影響呢？

就寢前先到戶外公用廁所方便，然後在庭院觀望青海湖，夜幕黑沉沉地，只有天際幾顆星星微弱明滅，一陣夜風吹過，頓然感受到無盡的寂寥隨著夜風翻舞，彌漫在天地間，我深吸一口氣，這樣沁涼的空氣，

旦卻大叔和他的羊群

有著冰雪的冷峻滋味。三百年前，倉央嘉措也曾這樣站在湖邊，思索人生的下一步要如何走嗎？

　　身體打了個哆嗦，才站一會已凍得受不了，氣溫肯定零下，思緒快要結冰了，三百年前的冬季不知有沒這麼冷？趕緊走回屋裡，鑽進厚重的棉被加毛毯中。

　　雖然旦卻大叔告訴我冬天日出很不好看，清晨又冷，建議不用看了，我依然早早起床，穿戴好所有保暖衣物，拿著手電筒走到湖畔等待七點半的日出。我的多功能手錶測量眼前溫度是零下9度，記得它測高度有設限，高過6000公尺就無法測量，不知測溫度有沒設限。

　　天亮前的湖畔凍得我無法站定不動，只能來來回回快走，增加身體熱能。在來回快走等待中，望著看不到對岸的灰濛湖面，想起當地傳說古時這裡並沒有湖，只有一口清泉，用刻有咒語的石板封住，任何人用過泉水後，必須將石板蓋好。有一天，有位牧民用完後，忘記將石板蓋

與待人熱誠的旦卻大叔一家人合影

回，導致泉水不斷往外噴出，眼看即將淹沒草原和人畜，藏民視為第二佛的蓮花生大師施展法力，搬來一座大山壓住泉源，已經噴出的泉水便形成了青藍色的青海湖，而壓住泉源的山頭就是湖中央的小島——海心山。

　　在雲層阻擾中，太陽終於掙扎著爬出地平線，有氣無力地懸掛著，四周色彩仍然只有灰白色調，還真的是十分普通的日出。

　　沒看到日出，也沒收集到任何倉央嘉措的資料，只留下凍得快要受不了的回憶，那麼，這一趟青海湖之行白白浪費了嗎？喔，不，任何旅程都不會沒有意義，因緣和合，我相信冥冥中自有安排。

　　後記：一年後才知道，認識旦卻大叔是青海湖之行最大的收穫，他在我前往尋找另一個和倉央嘉措有關的湖泊時，幫了我非常大的忙。

憑闌處，抬望眼

大經堂是文革後修建的一座歇山式殿堂，係當時僧眾聚會誦經之處

晚上七點搭上西寧開往銀川的火車，上車後繼續看白日才買的新書《歷輩達賴喇嘛》，是第一世到十三世達賴喇嘛的傳記，看完終於比較瞭解五世和六世達賴喇嘛生存的時代背景，也明白了蒙古人信奉藏傳佛教的緣由。

火車搭了整整12個小時，抵達寧夏回族自治區的省會銀川，由於內蒙巴彥浩特鎮沒有鐵路經過，最便利的方式是從銀川轉搭汽車。出站後走到長途客運汽車站，順利搭上開往巴彥浩特的客車，售票處及車身掛牌寫的都是「巴音」，這是當地人對巴彥浩特的慣稱。

大約二個多小時抵達海拔1800公尺的巴音，東臨賀蘭山，西臨騰格里沙漠的巴彥浩特鎮，蒙古語意思是「富饒的城」，是內蒙古自治區阿拉善盟左旗首府，清朝雍正時期開始在此地修建軍事要塞，建成後賜名「定遠營」；雍正九年（1731年），清政府將定遠營賞給阿拉善和碩特旗扎薩克多羅郡王阿寶（曾資助倉央嘉措修建寺廟），做為他的駐居地；1952年才改名巴彥浩特。

新建的挑高汽車站十分氣派，不過乘客稀疏，略顯蕭條。出站後只看到空盪盪的大廣場，分散著十多輛出租車，轉身再進站請教站務人員廣宗寺要怎麼去？幾個人異口同聲回答：「沒有客車，只能包車！」

約略瞭解包車行情後，再度出站，和一輛出租車師傅（大陸對司機的稱呼）談定送我上山120元含過路費，漢族師傅一直勸我包來回，會算我便宜些，也可以等我參觀，我斬釘截鐵地說：

「我想住寺廟，明天才下山！」

「這個季節，你不包車回不了城裡啦！」師傅以有點恐嚇的口吻說。

我笑笑不說話。

才30公里的路程，居然還走了段高速公路，原來是因應旅遊旺季而興建。路上與師傅開聊，他也知道倉央嘉措的故事，看來倉央嘉措熱全面延燒，應該也和旅遊單位對外宣傳廣宗寺和倉央嘉措之間的淵源有關。

車開進賀蘭山區，賀蘭山位當寧夏回族自治區和內蒙古自治區的交界，南北綿延將近200公里，以西就是騰格里沙漠，這一帶在古代是匈奴、鮮卑、黨項等少數民族遊牧狩獵的地方，黨項人還曾以銀川平原為基地，建立了西夏王朝。

廣宗寺位於賀蘭山海拔二千多公尺的山腰，原名阿拉善南寺。阿拉善是內蒙古現存三盟之一，是個以沙漠和戈壁爲主的乾旱區，只有南寺賀蘭山一帶，森林茂密，山巒重疊，目前已被政府規劃爲「賀蘭山廣宗寺生態旅遊區」。

進入旅遊區大門，雖是半歇業狀態，照收門票，在寺廟前廣場下車，正如師傅所說，冷冷清清，只停了兩輛小轎車，環視一圈，所有看得到的店面全都門窗緊閉，連一旁的公共廁所也上了鎖，四下不見人影，我這才有點兒緊張，拜託師傅稍等一下，我去瞭解狀況，萬一不行，拍完照就隨他下山。

正在東張西望，不遠處磚房轉角閃過一個紅色身影，我往前快跑同時出聲喊住他，是個體格健壯的年輕僧人，請教他目前狀況，他說所有店舖及旅館全歇業了，連寺廟的招待所也是。我向他拜託，說我是佛教徒來朝聖，想在寺廟住一晚，明天再下山，不用住旅館或招待所，只要有個保暖能睡覺的地方就行，他聽了笑一笑說：

「那你自己先去逛一下，再回來這兒等，現在我們正在爲施主唸經，我是出來拿東西，必須馬上進去，等下再幫你想辦法。」

「一定要可以喔，因爲載我上山的師傅馬上就要下山了。」

「應該沒問題。」

「請問怎麼稱呼您？」

「我叫賽布音，叫我小賽就可以了。」

小賽喇嘛❶讓我把背包放進他房間，鎖上門匆忙離開。我看到門上標示，原來是寺廟對外接待中心，由他負責，裡側角落有張床就是他睡覺的地方。

等候期間，不敢走遠，只在附近逛。這寺廟腹地不小，號稱阿拉善第一大寺廟名副其實，近旁就有黃廟、大經堂、千佛殿、南寺博物館、阿拉善佛教文展館等，只是都鎖著；緊臨停車場旁有一整排蓋得古色古香的「商業街」，招牌顯示是各式各樣的特產店、小吃店，顯然旺季時遊客眾多；遠處看去有雙白塔、時輪塔等，還有長迴廊，各棟建築之間種滿花草樹木，只是眼前整片枯黃。

---

❶藏語「喇嘛」指上師，意爲「至高無上」。早期由於訛傳，台灣民眾對所有西藏出家人都稱喇嘛，大陸一般民眾則習慣稱「師傅」，本書隨順台灣習慣。

黃廟又稱黃樓，以供奉六世達賴喇嘛舍利而聞名

突然看到一塊高立的紅色木牌，上面龍飛鳳舞寫著幾行白色的字。

那一天，我閉目在經殿香霧中，驀然聽見你頌經中的真言；
那一月，我搖動所有的經筒，不為超度，只為觸摸你的指尖；
那一年，磕長頭匍匐在山路，不為覲見，只為貼著你的溫度；
那一世，轉山轉湖轉佛塔，不為修來世，只為途中與你相見。

～倉央嘉措

啊，這不是被訛傳為倉央嘉措詩作中最流行的那首嗎？怎麼會立牌
在這兒呢？喔，可能是用來吸引遊客的宣傳招式吧，以大陸目前的倉央

吉祥八塔讚頌釋迦牟尼佛一生八大功德

嘉措熱，肯定會有許多讀者慕名而來，站在木牌前拍照附會風雅。

　　廣場上有塊新立的大石碑，題名「兜率廣宗寺記」，密密麻麻刻著蒙文和漢文，我仰著頭仔細讀了內容，是記述倉央嘉措與廣宗寺的淵源。

　　根據經史記載，這裡是十六羅漢尊者歇夏加持之地，六世達賴喇嘛為尋找建寺弘法之處雲遊北土，於康熙58年經過這兒，剛好遇上賀蘭山中蒙族人家新墊縫製方成，鮮牛奶飄香，於是，倉央嘉措「盤坐新墊，品嚐鮮奶，環顧四周，但見勝景非凡：圓山巍巍，松柏蔥蔥，布穀鳴啼，泉溪長流，地似八瓣蓮花，天如八幅金輪，具勝樂金剛壇城之形，實屬弘法利生之聖地，遂擇定此處建寺」。

　　倉央嘉措圓寂後，他的心傳弟子阿旺多吉遵照遺囑，於1757年建

成南寺，並爲六世達賴造了靈塔，將其肉身由原來放置的利樂海寺（昭化寺）遷來南寺。1760年，乾隆皇帝御賜藏滿蒙漢四種文字鐫刻的廣宗寺匾額，由章嘉國師制定寺規，並且策封阿旺多吉成爲廣宗寺第一位大活佛。

這位心傳弟子阿旺多吉就是寫《倉央嘉措秘傳》的作者，廣宗寺也正因爲建有倉央嘉措的肉身靈塔而名聞遐邇。

讀完石碑記載，再走到八座舍利塔持咒繞行。

繞了一圈、兩圈，想起於藏區獨自繞塔的第一次經驗。2005年從雲南前進西藏自助旅行，徒步前往梅裡雪山神瀑時，經過村中一座佛塔，繞行一圈便想離開，一位也在繞塔的藏族老人叫住我，快速說了一串藏語，當時我一句都聽不懂，看到我一臉疑惑，他比劃繞塔動作，同時伸出三根手指，我猜是指要繞三圈，照著做，他笑開懷，對我比出大拇指。

當時我不明白爲什麼要繞三圈？爲什麼不是兩圈不是四圈？後來才知道繞三圈表示禮敬三寶（佛、法、僧），也表示滅三毒（貪、瞋、癡）。

許多佛經都記載繞塔有很大功德，能成爲獲得聖者果位及今世解脫的因。藏地著名的阿底峽尊者，曾有弟子問他：「爲何在所有的功德中，尊者您獨對繞轉佛塔佛像最爲重視？」阿底峽尊者回答：「在世間有爲善法中，沒有比繞轉佛塔佛像所獲福德更大的了，因爲它積聚了身、口、意善業。」意思是包括身繞行（身體繞轉）、語繞行（口中持咒）和意繞行（本著恭敬心、依止心、菩提心等）。

忽然察覺到自己心思走遠，趕緊收攝，專注於身、口、意，緩慢地移動腳步，持咒繞塔，一圈又一圈，身繞行、口繞行、意繞行……。

小賽喇嘛回來後，招呼我隨今日功德士一起用午餐，然後對我說：

「沒有其它住處，您就和寺廟廚師一起住吧！他就住我旁邊這間，很大間。」

啊，和廚師一起住？腦中跑馬燈一樣快速轉動，廣宗寺只有僧人沒有女尼，廚師想必也是男性吧，這小賽喇嘛居然叫我和男廚師住一間房？感覺好像不是很妥當，但若拒絕，我好像是以小人之心度君子之腹，而且剛剛也是我自己說只要有個保暖能睡覺的地方就行，這下只能硬著頭皮答應。

下午再度在戶外經行，看到黃廟前有個喇嘛坐著曬太陽，趕緊爬上階梯和他搭訕，他是保管黃廟鑰匙的管家喇嘛，閒聊幾句後，我試探性地問：

「請問您知道六世達賴喇嘛倉央嘉措嗎？」

「知道啊，三百多年前，我們寺廟就是為了他建的，現在每年還都會在他靈塔前舉行大法會紀念儀式呢！」

「現在看到的這些應該都是新建的吧？」我邊問邊指了指周圍建築。

「是啊，原來的寺廟全部都被破壞光了。」

「我看資料你們寺廟供奉了六世達賴的肉身靈塔，聽說文革時也被破壞了？」

他點點頭，然後用帶著神秘的口吻告訴我他聽其他老喇嘛說過，以前供奉著六世達賴喇嘛肉身法體的金塔還在時，透過塔門鑲嵌的紅玻璃，就可隱約地看見倉央嘉措的面孔，每當夕陽斜射進殿內，六世達賴栩栩如生，看去就是活生生的一個人躺在那裡呢！文革時，紅衛兵要喇嘛們將肉身取出，然後用刀子砍下肉身手腳，聽說在場的人都看到流出血來，紅衛兵嚇得不敢再動刀，改放火燒，並驅趕所有喇嘛離開。那天夜裡，有位喇嘛冒著生命危險偷跑回來，撿拾六世達賴的舍利和骨灰，藏起來保存，直到八○年代宗教稍為鬆綁，南寺部分僧人回到已被夷為平地的寺廟遺址，搭起了蒙古包帳篷，舉行夏季祈願法會，接著幾位功德主出錢出力，蓋了間平頂佛堂，把喇嘛保存的六世達賴舍利和骨灰重新造塔供奉，1989年開始興建大小殿堂，才逐漸形成今日規模。

「那六世達賴喇嘛的舍利骨灰塔現在保存在哪裡？」

「就供奉在裡面正中央！」管家喇嘛對著身後的黃廟抬抬下巴回答。

他開了門讓我進入參觀，左側大柱上掛了一幅裱框的廣宗寺舊照片，下方以藏、蒙、漢文寫著：「廣宗寺建於清乾隆二十二年（西元一七五七年），一九六六年全部被毀壞，一九八一年重建。」望著泛黃照片裡，背倚賀蘭山而建的壯觀寺景，心中一陣痛，文革毀掉多少文化資產啊！

供奉在正中央的六世達賴喇嘛舍利骨灰塔，灰暗燈光中，看不太清楚，我腦中想著剛剛管家喇嘛說的「栩栩如生」，若是肉身法體沒被紅

黃廟正中央供奉著倉央嘉措舍利塔

衛兵燒了，今日就可以和倉央嘉措相視而望了。

　　我對著舍利塔膜拜，虔誠地祈請六世達賴護佑，喃喃自語：「若您覺得我該提筆寫一本有關您一生的書，那麼請給我一些明確的指引或一些sign吧！」回神意識到自己怎麼向倉央嘉措講了個英文單字？不禁莞爾，但旋即想到，不管是英語或漢語，對倉央嘉措而言都不是他的母語，又何必在意！

　　走出殿外，回到現實，時間多得很，我決定順時針走一大圈，慢慢經行。

　　漫步在冬日蕭瑟中，樹林中的水池大多結冰了，難怪現代化的公共廁所全上鎖不給用，因為水管結冰會爆裂。剛剛請教小賽喇嘛上廁所問題，他說只能使用一側的舊式茅坑，看來，還是老祖宗的智慧經得起嚴

從小山頭眺望廣宗寺全景，與昔日全盛時期對照，不勝唏噓

多考驗。

　　走到接近景區入口一帶，有一大片水泥蒙古包，立牌寫著「衛拉特行營」，是一個可同時招待600名遊客食宿、看秀的接待中心，目前暫停營業。

　　繞過衛拉特行營，爬上最高處有一大片風馬旗的坡頂，將整個廣宗寺收納眼底，左側是寺廟區，右側是商店區及遊客接待中心，山頂的風大得驚人，風馬旗啪啦啪啦作響，有如演奏交響曲。看著眼前的全幅風景，回想起黃廟那張廣宗寺舊照片，兩相對照，文獻記載廣宗寺最盛時曾擁有廟宇殿堂數十座，倉房僧舍二千多間，僧侶人數高達二千多名，到了文化大革命，六世達賴靈塔被焚燒，大殿佛像、佛經被毀壞，廟宇被拆除，變成一片廢墟……。剎那，風馬旗的啪啦聲轉變成一首悲愴的

廣宗寺最盛時的舊照片，因藏語稱噶丹旦吉林，漢譯為「兜率廣宗寺」

交響曲。

　　入夜，站在空曠的廣場上，獨享滿天星斗和一山寂靜，賀蘭山在寺廟後側，以巍峨之姿騰空拔起。賀蘭山，聽到這三個字就會想到岳飛的《滿江紅》，小學時整首詞倒背如流，還會唱合唱曲呢！那「三十功名塵與土，八千里路雲和月」的悲壯，那「莫等閒白了少年頭，空悲切」的激勵，那「駕長車踏破賀蘭山缺」的豪邁，無論是讀是唱都令人滿腔熱血沸騰。

　　今夜，我在賀蘭山下的廣宗寺，輕哼《滿江紅》，揣測著要用「憑闌處，瀟瀟雨歇」還是用「抬望眼，仰天長嘯」形容倉央嘉措，哪一句會比較貼切……。

奇遇寶貝公主

今年70歲的格日勒女士是固始汗後裔

晚上和寺廟廚師共住一房，那其實是一間兼有起居室功能的大房間，中間空處有一長型方桌，擺了電視和一些雜物，屋內一左一右靠牆兩側整區墊高，類似北方的「坑」，只是下面不能燒火，上面堆滿棉被枕頭，一區約可睡 10 人，我和廚師各佔一區，天黑後，他看電視我看書，兩人斷續聊天，我向他請教廣宗寺的歷史，他的回答讓我大吃一驚：

「哎，你別問我這個，我才上工三天，什麼都不知道！」

才上工三天？那表示小賽喇嘛對這個廚師談不上熟識，廚師的品性如何呢？晚上小賽喇嘛吃完麵後就騎摩托車出去了，冬日留守寺廟的十多位僧人又各自住在裡側的僧寮，這麼說，方圓幾百公尺內只有我和這個蒙古彪形大漢……。

還在努力轉化心情，廚師關掉電視，表示他很早就需起床準備早餐，要先睡了，然後抱著棉被枕頭向我走過來，說：

「你別用他們的棉被枕頭，很髒的，我這是自己帶來的，比較乾淨。」

邊說邊幫我鋪在坑上，我有點意外，直說沒關係，他也回說沒關係，繼續鋪，鋪好後，返回自己的坑，又指著一旁架上臉盆：

「上面這個洗臉，下面這個洗腳，你可以倒熱水瓶的水，再加點冷水。」

廚師躺下去沒幾分鐘，就傳出如雷似的打呼聲，我出去屋外刷牙，剛忘了問廚師多大年紀，看去應該也過半百，我真的是以小人之心度君子之腹呢！

一早起來，廚師去廚房桿麵作饅頭，我到外面繞了一大圈，太陽被賀蘭山擋住無法亮相，坐東朝西的整座寺廟全在陰影裡。早餐後再逛到黃廟，大門開著，管家正在為供桌上的酥油燈添加酥油，我禮佛三拜後，站到他旁邊問他六世達賴舍利塔前供桌上的小塑像是誰？沒想到他凶惡的大聲回答：

「你問那麼多做什麼？昨天也問那麼多做什麼？」

我愣住了，有點被嚇到，堆滿笑臉回答：

「沒做什麼，就是不懂嘛，才會問，沒其它意思啊！」

我話才剛說完，他又大聲斥罵：

「你到底是來幹什麼的？」

因為問了這尊小塑像是誰而被管家喇嘛大罵

「我是佛教徒,來寺廟禮佛朝拜的啊!」

「你根本不是來磕頭的,再這樣東問西問,我要去叫公安來。」

昨天逛一大圈時,我也注意到和寺廟隔一小段距離的山凹裡有個公安局。在西藏行走多年,每個大寺廟一旁設有公安局,我早已見怪不怪,聽到他這樣莫名其妙找碴,我也有點火大了,略為提高音量回答:

「去叫啊,沒關係,我又沒做什麼壞事,你儘管去叫啊!」

大概是看到我理直氣壯，他聲音放小了些，轉身時又嘀咕了一句：「你還偷照相……」

聽到這句我就有點心虛了，我確實無視殿門口「禁止攝影」告示，在殿內拍了幾張照片，當時沒用閃光燈，還以為沒人知道呢！

「你趕快走！趕快走！別在這裡問東問西！」他又回頭對著我揮手。

自知理虧，我趕緊順著他的話找台階下：

「好，好，我走，我走，對不起啊，打擾您了。」向他一鞠躬，我趕緊離開。

回到住處，見到小賽喇嘛，我向他抱怨黃廟管家怎麼過一晚就變一個人，昨天對我很好，今早不知怎麼回事，一看到我就大罵。小賽喇嘛面帶微笑問我怎麼回事？我把經過說了一遍，小賽喇嘛笑著安慰我：

「別放在心上，他個性就這樣，不過可能是你真的問太多了，前陣子有人假裝來拜佛，我們沒留意，結果寺廟被偷走了一些東西。」

「啊，居然有人敢到寺廟來偷東西？」

「對啊，不是每個人都相信因果報應的。」

八點多，空蕩蕩的停車場終於出現一輛車，我趕緊上前拜託開車的

點酥油燈是藏傳佛教最經典的祈福方式

先生，能否讓我搭便車回城裡？他說要問正在向小賽喇嘛登記作佛事的女士（原來他是私人司機）。我在停車場等著，沒一會，身著黑呢料長大衣的女士，遠遠地對我招手，我跑了過去，她和善地對我說：

「你遇到我是你的福報，我遇到你也是我的福報，你先一起幫忙點燈吧！」

女士名叫格日勒，巴音人，今年70歲，她是為了過世21天的大哥上山作佛事，除了請寺廟僧人誦經修法，還要為大哥點1000盞酥油燈。呵，1000盞，我終於瞭解為什麼她會說遇到我也是她的福報了。

點燈房和領酥油燈的小屋有一段距離，酥油燈擺放在木製的大托盤裡，一盤放50盞，更大型的托盤放100盞，由我和司機來來回回跑了好幾趟，才把1000盞酥油燈領完，三人手裡拿著香，一人一區開始邊持咒邊點燈。

1000盞點完，我向小賽喇嘛登記，另外請了100盞酥油燈，為家人為眾生祈福。今天創下一日內點燈盞數最多的紀錄。

接近中午，佛事圓滿，下山時車子先彎到「紅廟」，昨天大門緊

紅廟大門雕鏤精美

鎖，今日洞開迎賓，一位喇嘛恭候著，原來格日勒女士是這座新修殿堂的大功德主。

回城途中，談到她去世的哥哥，她告訴我她哥哥是昭化寺的僧人，還是副管委（大陸寺廟制度，設有管理委員會），我一聽，張口結舌，差點叫出聲來，心想：「這也太巧了，是倉央嘉措在回應我的祈請嗎？」

格日勒女士說昭化寺原本收藏有倉央嘉措用過的佛珠，後來有喇嘛將佛珠變賣了，最早是她舅舅發現（她舅舅也是昭化寺喇嘛），才要去告發，突然就過世了，接著是她哥哥，也突然就生病過世了，她懷疑他們是被人用黑咒術給害的。

這些聽起來有點像連續劇演的宮廷恩怨情節，我不敢置評，只能問：

「文革時，倉央嘉措的東西沒有被破壞或搶走嗎？」

她說不是全部，有保留一部份藏起來，反而被有心人一樣一樣變賣了。

我轉移話題，告訴她我在收集有關倉央嘉措的故事，若資料多，可能會寫成一本書，她高興地回應：

「你若看得懂蒙文的書，就會知道很多倉央嘉措的故事！」

「蒙古人都相信倉央嘉措沒死在青海湖，最後三十年是在阿拉善弘法、圓寂的嗎？」

「當然啊，一點也沒錯，我們蒙文書裡記載很多，可惜沒翻成漢文。」

她又說五世達賴喇嘛是她祖先救的，若沒有她祖先，就沒有格魯派了。我好奇地問她祖先的名字，她一時間說不出來。我試探性地問：

「是固始汗嗎？」我才看完《歷輩達賴喇嘛》，還有一點印象。

她立刻用蒙文發音讀了一遍，「沒錯，就是固始汗！我的家族就是固始汗長子那支傳下來的。」她又說：「如果說起我們蒙古歷史上最有名的二位人物哪，第一個當然就是成吉思汗，而另一個呢，就是固始汗。」

固始汗名氣有大到直追成吉思汗？這我倒不知道，我是在看了《歷輩達賴喇嘛》書中五世達賴喇嘛傳記後，才認識這號人物。

固始汗是何方神聖呢？

紅廟內美輪美奐的裝飾由格日勒女士護持

三世達賴喇嘛過世後，西藏政局發生重大變化，藏堆王噶瑪·敦迥旺布與噶瑪巴十世聯盟，攻陷前藏，推翻了帕竹地方政權，建立噶瑪政權，自稱「藏巴加波」（加波是國王的意思），漢文史書則稱之為「藏巴汗」。噶瑪政權聯合青海的喀爾喀蒙古欲用武力消滅黃教，黃教於是向厄魯特蒙古和碩特部求援，1637年，和碩特部的固始汗率軍自新疆進入青海，占領青海，又攻入西康，最後受五世達賴和四世班禪的密詔，率兵入藏，推翻噶瑪政權，五世達賴喇嘛在固始汗支持下建立了政權，自任法王，下設第巴一人總理政事。

她又繼續說，倉央嘉措離開青海後，先在內地朝聖，又去了印度朝聖，回來後，在西藏神湖觀看自己未來，湖面顯現出他在蒙古弘法的影像，之後他才到阿拉善左旗來。

「您去過昭化寺嗎？請問要怎麼搭車啊？」

「去過啊，但我們是開車，搭車的話，先從巴音搭到孿井灘，孿井灘好像是隔日還是每三天有一班客車進去沙漠邊的昭化寺，你到孿井灘汽車站再問吧！」

一路她又講了幾則倉央嘉措的故事，很快回到巴音城，分手時，祝福我順利寫成這本書。

下午逛書店，看到2005年我在拉薩買的《六世達賴倉央嘉措情歌及秘史》，被分成《六世達賴喇嘛倉央嘉措情詩》和《六世達賴喇嘛倉央嘉措秘傳》兩冊，由中國藏學出版社於2010年重新出版，設計簡潔，內文字距行間都加寬，閱讀起來賞心悅目，買了一套方便參考。

用過晚餐略作休息，隨意瀏覽電視時，看到有一大陸蒙古族歌手名叫斯琴格日勒，和格日勒女士名字一樣，好奇上網搜查，蒙古語格日勒有「公主」和「寶貝」的意思，多用在女性名字。啊，這麼說來，我今天是遇到一位寶貝公主了。

關掉電視，腦中一直出現格日勒女士講的有關倉央嘉措的神奇故事，倉央嘉措在修建石門寺（位於甘肅省天祝藏族自治縣）時，由於當地大官排斥佛教，屢次找麻煩，阻擾修建，有一回又想拆毀建好的部份，倉央嘉措於是跪地向大官磕頭，請求別破壞佛像、寺廟，結果，那位大官回去後沒多久就離奇死亡了，大家都說是沒有福報，經不起佛爺磕頭。

還有，倉央嘉措在沙漠中承慶寺附近圓寂後，由駱駝載著肉身，走到昭化寺時，駱駝不肯走，蹲坐地面，表示是倉央嘉措他自己想要待在昭化寺，於是肉身便被安放在昭化寺，直到廣宗寺建成後才移到廣宗寺。

我原本就排定一定要去昭化寺，至於承慶寺，因位於騰格里沙漠中，我沒把握能不能去成，如今，又多了一條石門寺線索，要不要去看看呢？甘肅並不太遠，寺廟所在地石門鎮的交通也還算方便，那麼，就走一趟吧！

沙漠邊緣頭道湖

昭化寺位於騰格里沙漠邊緣的頭道湖

從巴音搭班車往彎井灘，買票時，售票員給我的車票印著「大樓」，我以為售票員弄錯了：

「小姐，我是要到彎井灘。」

「是彎井灘，沒錯啊！」

「那票上名稱怎麼是大樓，不是彎井灘？」

售票員瞪我一眼，不耐煩地揮手叫我走開：

「反正沒錯就對啦！後面一個，到哪裡？」

破舊的客車往荒野中開了二個多小時，抵達「彎井灘農業示範區」，這是個已開發十多年的新移民區，設有各式各樣的公家行政單位，寬闊的六線道馬路，兩旁有不少賓館和餐廳，但大多關門歇業，不知是季節關係還是其它原因。

在小小的汽車總站下了車，先查問開往昭化寺的班車，站務員回答：

「要去頭道湖啊，目前5天發一班。」

這這……，5天才發一班？

「那請問最近是哪一天有車？」

「昨天才發一班，再來是大大後天。」這下我只能包車前往了。

住進十字路口一家看起來很整潔的旅館，標間特價才60元，老闆是一對從寧夏遷過來的年輕夫妻，帶著小孩，拜託他們幫我聯絡熟師傅的車。

剛在汽車站看到牆壁掛了張地圖「阿拉善盟交通圖」，地名大多以蒙古語發音，看了才明白為什麼之前上網查資料老是查不到，原來我用的是漢名，當下仔細對照，加上請教站務人員，終於搞清楚昭化寺所在地叫「頭道湖」，頭道湖的蒙古名是「超格圖呼熱蘇木」，而彎井灘的蒙古名是「嘉爾格勒賽漢鎮」，至於承慶寺所在地漢名叫「三道湖」，蒙古名是「輝圖高勒嘎查」。

彎井灘到頭道湖單程32公里，全是柏油路，筆直穿過空曠荒野，我誇讚這條路養護得不錯，賀師傅回答：

「這是因為很少車走，若是經常有車走，又是重型車的話，哪可能這樣啊！」

兩旁景觀單調荒蕪，只生長了一些矮小的灌木叢，不時出現一些駱駝、馬和羊群。師傅告訴我灌木叢有的是紅砂、有的是白刺，二種都是抗旱、耐鹽、耐高溫的植物，一般都是種在乾旱荒漠地區，對固沙和水

昭化寺正門大廣場四年前新建了吉祥八塔

土保持能發揮很高的效用。

　　忽然看到一塊大招牌立在荒野中「大漠花海，彎井灘歡迎您」，賀師傅說：

　　「你別看現在景色很醜，是你來的時間不對，要是夏天來啊，野花遍地，熱鬧哪！」

　　不一會抵達被荒涼意象覆蓋的頭道湖，幾乎全是半荒廢的土房子，我感到不解，賀師傅說以前頭道湖這兒住的人很多，但近幾年陸續都搬到彎井灘去了。

　　在寺廟前廣場下了車，刮起陣陣大風，塵沙飛揚，一片白濛，廣場有一列新建的吉祥八塔 ❶ 迎接賓客。

---

❶ 吉祥八塔指聚蓮塔、菩提塔、多門塔、降魔塔、降凡塔、息諍塔、勝利塔和涅槃塔，紀念及讚頌釋迦牟尼佛一生八大功德。

六世達賴喇嘛圓寂後轉世的第六世法照

　　大門虛掩著，賀師傅大聲叫喊，出來一位瘦削老者，賀師傅請他帶我入內參觀，他要在車上休息。

　　我隨老者走入庭院，邊問：

　　「目前寺廟都沒有出家人嗎？」

　　老者指著自己和坐在殿前石階的另二位老者回答：

　　「我們都是啊，只是平常穿便服，法會時才穿僧服。」

　　他介紹自己名叫「老迪」，和藹可親地帶我進入大殿參觀。大殿正中央供奉著倉央嘉措的舍利塔，老迪喇嘛說昭化寺前身最早建於唐朝，遭破壞後重建於清雍正11年（1733年），就是倉央嘉措時重建的，到了文革時，整個寺廟又再度遭到破壞，大批法器、佛像失竊，只有大殿和密宗殿因為被徵作糧庫而倖存，但裡面的佛像文物等也全都被毀壞了，直到1982年才重新修復。

　　老迪喇嘛結語說：「我們昭化寺是阿拉善的八大寺❷之一，到現在還以曾經供奉過六世達賴喇嘛法體而名揚蒙藏地區呢！」

　　我注意到大殿法座上放著一張加框的黑白照片，英挺中又帶著文雅清秀：

---

❷八大寺指延福寺、廣宗寺、福因寺、昭化寺、承慶寺、宗乘寺、妙華寺、方等寺。

文革時因為被徵作糧庫而倖存的密宗殿，現改成觀音殿

「請問這是哪一位仁波切的法照嗎？」

「這就是六世達賴喇嘛圓寂後轉世的第六世，已經圓寂半個世紀了。」

「那第七世呢？」

「沒有第七世，只轉世到第六世。」

「為什麼？沒有找到嗎？」我疑惑地問。

「沒找到……。」看他欲言又止，我識趣地沒再追問下去。

仔細參觀完大殿後，我點了酥油燈祈福，眼看四下無人，我試探性地問：

「老迪喇嘛，可以拍照嗎？我不用閃光燈，不會損壞佛像唐卡。」

老迪喇嘛笑了笑，善解人意地回答：

「你就拍，沒關係，沒人嘛！」

參觀完大殿，老迪喇嘛陪我在戶外繞了一圈，大殿後方堆著斷垣殘壁，現在看到的觀音殿是由密宗殿改成，因為原來的觀音殿已被破壞。

供奉在大殿正中央的倉央嘉措舍利塔

聽到我說想去承慶寺，但位在沙漠裡不知如何去，老迪喇嘛熱心表示：

「我可以幫你找認識的師傅，從這兒包車去啊！」

「包車大約多少錢？」

「一般大約500左右吧，我再幫你確認看看。放心，師傅都是這兒人，他們不會亂開價的。」又說：「過幾天農曆14這兒有法會，看你要不要留下參加。」

我想了想，一人包車雖然負擔有點兒高，但機會難得，不去以後會後悔，腦筋快速轉了一下，重訂計劃，明天先前往寧夏中衛，到沙坡頭景區拍騰格里沙漠，再回來孿井灘，包車進沙漠深處的承慶寺及參加農曆14的法會。

返回賓館，上網查看昭化寺資料。最早，在今日昭化寺位址已有一座小集會所，附近牧民們定期在此進行簡單的宗教活動，平日則由朝格圖夫婦看守。康熙55年（1716年），六世達賴倉央嘉措途經此地時，在朝格圖夫婦家做客，認為這裡是聚集眾人弘揚佛法的理想地點，便舉辦了法事活動。隔年春天，倉央嘉措前往定遠營（今之巴彥浩特）晉見阿拉善王阿寶和道格甚公主後，獲准在朝格圖夫婦家位址上興建正式寺廟，從此，倉央嘉措開始了在阿拉善地區的弘法。

雍正9年（1731年），一些施主上奏阿拉善王阿寶，請求修建寺廟，獲得阿寶王支持。雍正11年動工，寺院初具規模，建成後，命名為蒙古語「朝格圖烏日」，意思是「朝格圖的家園」。幾年後，在阿寶王與公主及一些施主的積極資助下，大規模擴建經殿及僧房。同年秋，被倉央嘉措派往西藏學法的阿旺多吉學成返回，帶回倉央嘉措交待的眾多佛像、掛像、法事用具等，擺滿各經殿。之後，寺廟改命名為「潘德嘉木蘇林」（即昭化寺前身）。第二年，由倉央嘉措主持舉行了大型的祈願法會。乾隆11年（1746年）5月8日，倉央嘉措在承慶寺圓寂。後來阿旺多吉開始興建廣宗寺（南寺），建成後將「潘德嘉木蘇林」整體搬遷至廣宗寺，僅留少數僧人看守昭化寺，住持由廣宗寺派任。

查資料時，意外看到一段文字：「昭化寺現任住持阿旺老迪，66歲，阿拉善人，畢業於該寺。」阿旺老迪？引我參觀的老僧人也叫老迪，難道他就是住持？

半荒廢土房之夜

頭道湖居民遷走後只留下斷垣殘壁

寧夏省中衛距孿井灘72公里，比巴音到孿井灘的116公里近些，同樣每天一班車，早上八點半從孿井灘發車，下午四點半自中衛返回。

中衛雖然屬於寧夏回族自治區，但緊鄰內蒙古阿拉善，北方就是騰格里沙漠。我到中衛主要想去位在騰格里沙漠南緣的沙坡頭旅遊區拍照，資料介紹沙坡頭旅遊區集大漠、黃河、高山、綠洲為一處，可以騎駱駝行走騰格里沙漠，領略大漠孤煙、黃河落日的奇觀。

買了票進入景區，才發現如意算盤打錯了。沙坡頭旅遊區分為北區和南區，地勢北高南低，北區以騰格里沙漠為主，南區以黃河為主，旅遊專線公車只到南區入口，旺季時，兩區之間以手扶電梯連接，淡季停駛，入口還上鎖，我站在綿延的大片沙坡下方，嘗試徒步爬上去，但坡度實在太陡，直往下滑，只得放棄。

農曆13，我從中衛搭客車返回孿井灘，上車後看到師傅駕駛座上方掛了塊厚紙板，上面註明開車師傅的手機號碼，還寫著「早上亂井發車8：30，下午中衛發車4：30」，回想我這幾天看到對「孿井灘」的稱呼，有大樓、孿井子、亂井，加上蒙名「嘉爾格勒賽漢鎮」，同一個地方有5個不同的名字，稀奇有趣。

將近六點抵達孿井灘，再次包賀師傅車前往頭道湖，走進寺廟沒看到人影，出聲招呼，一旁屋裡傳出聲音，原來全在廚房裡烤火用晚餐。

他們招呼我一起吃麵，每個人呼嚕嚕吃著，我想起格日勒女士的懷疑，但又不便直說，只好繞著圈子問：

「對了，你們寺廟曾經保存過六世達賴喇嘛的肉身法體，那也有保存他使用過的其它文物嗎？」

他們表示那麼久以前的事，不清楚，有的話也是隨著六世達賴法體遷到廣宗寺保存了，就算留在寺裡，文革時也都被破壞光了。

吃完麵，老迪喇嘛穿上厚厚的長大衣，他說已經約好一個年輕師傅明天送我進沙漠，這會兒就帶我去師傅家，出門前他關切地問我：

「你有沒有帶厚外套啊，這裡晚上非常非常冷。」

天色轉暗，他帶著我往村裡走，我問：

「老迪喇嘛，您是昭化寺的住持嗎？」

「我不是啊！」

「咦，那我在網路上看到昭化寺的住持叫阿旺老迪，不是您嗎？」

「喔，那是我師兄弟，以前一起拜師學習，我們名字都有老迪二個字，他已經往生了，住持換了，現在人沒在廟裡。」

右手邊出現一佛塔，在夜色中屹立，他指給我看：

「那就是最早供奉六世達賴喇嘛肉身七年的靈塔，廣宗寺建成後肉身才移走。」

我回看昭化寺，靈塔離寺廟有好幾百公尺距離，中間一大片空地，猜想是以前昭化寺興盛時，殿堂眾多，腹地廣大，文革全毀後，重建規模縮小之故。

老迪喇嘛問我為什麼想去承慶寺？一般人都只到昭化寺而已。我說我在收集有關六世達賴喇嘛最後三十年於內蒙古弘法的資料，近些年來倉央嘉措在內地很火紅，但大家只把重心放在他的詩，至於他的童年、他圓寂的承慶寺及供奉肉身的昭化寺等，不是沒人提就是一筆帶過，所以我想親自走一趟，瞭解六世達賴喇嘛是不是真的在阿拉善弘法三十年。

「當然是真的，那時他是避難來到這裡，隱姓埋名，除了極少數人之外，沒有人知道他的真正身份，只知道他是西藏高僧，因此當時我們蒙古人都尊稱他是『高原來的活佛』。直到圓寂，他的第一大弟子寫了書，大家才知道原來他就是六世達賴喇嘛。」

老迪喇嘛有點不好意思的說：

「我們寺廟前幾年也有拍一支影片，六世達賴喇嘛是我演的。」

「真的？那有光盤嗎？可不可以送我一片？」

老迪喇嘛答應回去找找看，找到了就送我一片。

走著走著，發現村落範圍很大，雖然兩旁幾乎都是荒廢空屋及斷垣殘壁，但依然看得出來以前興盛時的繁榮，一路，老迪喇嘛陸續介紹：

「這棟是以前的學校，有一間漢族小學和一間蒙族小學，那一棟是氣象站，已經撤了，這棟是⋯⋯，那棟是⋯⋯。」

以前鄉政府設在頭道湖這兒，十來年前孿井灘開發區成立後，鄉政府及一些單位先遷到鎮上，村民也陸續搬走，現在只剩下大約數十人。

居民都快搬遷光了，那麼寺廟的僧人呢？我記得資料記載，清末昭化寺最興盛時，喇嘛人數高達三百多名。

「目前登記在名冊的有四十多人。」老迪喇嘛說。

「我看寺廟範圍很小，這麼多人要住哪裡啊？」我有點懷疑地問。

早已人去樓空的昔日學校教室

「不是每個人都住寺廟，法會時出席的也只有十多人而已。像現在這種寒冷的季節更是只有二、三位留守，其他僧人都各自回老家避寒去了。」

迎著夜風繞過一棟又一棟土屋，終於來到幾乎是位於最外圍的師傅家，嶄新的吉普車停在庭院，大門鎖著，沒人在，拐了幾個彎走到師傅妹妹家，妹妹招呼我們進屋坐，屋裡燃著火爐，角落設有一小型佛龕，擺放著各種佛像、班禪及活佛（六世達賴喇嘛轉世的第六世）照片，她說哥哥和母親臨時有急事和人到巴音城去了，我趕緊問：

「那還有其它吉普車可以送我進去承慶寺嗎？」

師傅妹妹和老迪喇嘛商量一會，打電話給舅舅毛師傅，敲定明早送我去。

「這位毛師傅去過承慶寺嗎？路熟不熟？」臨時換師傅我有點擔心。

「放心放心，他經常去承慶寺，路很熟。」老迪喇嘛笑呵呵回答。

本來老迪喇嘛想安排我住年輕師傅家，和他母親睡一房，現在他們去了城裡，只好帶著我改往毛師傅家走，若能住他家，明晨一起出發也方便些。兩人拿著手電筒在破舊的一排排土房之間彎來繞去，到了毛師

頭道湖到處都是半荒廢土房

傅家，大門鎖著，打了毛師傅手機才知道他人還在孿井灘，要很晚才回來。

老迪喇嘛帶著我再繞行，來到一戶他說只有老媽媽和女兒住的人家，應可借宿。庭院大門虛掩著，進了大門，裡屋門卻上鎖，沒人在。老迪喇嘛用手電筒照手機找到這戶人家女兒的號碼，打通了說是在別人家聊天，她說媽媽在家啊，老迪喇嘛朝屋裡高喊了幾聲，靜悄悄地沒回應，嘴裡嘟囔著：「奇怪哩，老媽媽快80歲了，跑去哪裡啊？」

老迪喇嘛叫我站在大門口等一下，他去附近住家找找看。我把背包行李放下，夜幕低垂，月亮已升空，明亮得很，只是氣溫低，連月光也帶著幾分蕭瑟。等了一會老迪喇嘛還不回來，我往前走出巷弄，接到另一條橫巷弄，往右望去有許多棟土房子，但沒一戶有燈光，大概都沒人住吧。再往左望去，同樣毫無燈光，再往前依稀是空曠清冷的荒原，這時遠處響起了狗吠聲，此起彼落。我在西藏旅行曾有過一次被野狗圍攻的恐怖經驗，希望此時這些吠叫的狗兒都是家犬。

右方終於出現一點亮光，緩慢移動，老迪喇嘛回來了，我的住處還是沒著落。

　　「要不我去住寺廟，行嗎？」

　　「寺廟沒得住啊，別擔心，我們先走回剛才經過的那家小餐館，再想辦法！」

　　「這裡還有人開餐館呵。」

　　「以前開的，現在沒什麼生意了，當初店名招牌還是我幫忙題字的呢！」

　　老闆一家三口剛吃完飯，老迪喇嘛和他們講蒙古話好一會，應該是在討論我住宿的問題，然後老迪喇嘛改用普通話問我：

　　「你一個人住一棟會不會怕？」

　　回想剛才走過的土房子，一棟棟空寂詭異，我想了想，有人同住總是比較好。

　　「可以去住年輕師傅妹妹家嗎？」

　　老迪喇嘛說他打電話問看看，對方回答先生在家不方便。

　　眼前四人再次用蒙古語嘰哩呱啦交談，看來沒其它辦法了，我望著陪我來來回回走了大半天的老迪喇嘛，將近70歲的他，身體弱不禁風，走起路來有點搖晃，實在不忍心再讓他為我傷腦筋。我插嘴問：

　　「住一棟的話是住哪裡啊？」

　　「是我們家的舊房子，就在對面不遠，只放雜物，裡面有張舊床，拿棉被過去就可以睡了。」老闆娘講普通話回答我。

　　「那我就一個人住吧，沒關係，把門鎖好就行了。」

　　四十多歲的老闆娘從裡屋抱出幾條棉被，帶著我們往外走，房子就在隔著一塊大空地的對面，兩旁沒其它住家，大門從外面上鎖，開鎖進入，地面堆滿雜物，我瞧了一下門後赫然發現從裡面根本沒法鎖，進入右側小房間，別說上鎖了，房門連關都關不攏。老闆娘找來兩根粗木棍，叫我等下記得從裡面抵住大門和房間門，才不會被大風吹開。

　　鋪好了兩床墊被，老闆娘叮嚀我半夜很冷，一定要蓋兩床棉被。我想到明天一早就離開，可能遇不到她，想先給住宿錢，她卻堅持不收，只提醒說：

　　「喔，對了，屋裡沒衛生間，你得到外面，只要離水井遠一些就行了。」

我謝過他們兩人，請老迪喇嘛早點回去休息，他很正經的盯著我問：

「你一個人不會害怕，嗯？」

老實說看到房間門不能鎖，是有一點點不安，但也還不至於害怕，而且事到如今也沒退路了。我於是笑笑回答：

「還好啦，佛教徒有佛菩薩保佑，我會祈請佛菩薩和護法來陪我！」

老迪喇嘛和老闆娘聽了大笑，是那種會令人從心裡湧出溫暖的憨厚笑聲。

他們離開後，我環顧四周，地面鋪著細長的磚塊，四面牆壁刷著粗糙的白漆，角落有一台小型冷凍冰櫃，窗戶沒有窗簾，可以清楚看到窗外夜色，我拿著手電筒到另一側沒電燈的小房間查看，裡面空洞洞的什麼都沒有。

冷風從玻璃裂隙吹進來，涼颼颼地，想躲進棉被取暖，一掀開棉被，看到墊被邊緣有點發黑，我把它反摺進去，眼不見為淨，靠坐著牆壁開始寫旅行札記。

到屋外方便時，一開門，冷風直搗臉頰，打了個寒噤，把衣帽束緊，先仔細確認了水井位置，再反向走了一段距離，在土堆旁蹲下來，四周靜悄悄地，連狗兒也都入睡了，後天就是農曆2月15，月輪已經近乎圓滿，光亮把星星都給遮掩了，神秘的宇宙中，不知有沒其它星球的生命也正在這樣仰望星空宇宙？想起詩人余光中著名詩句「今夜的天空很希臘」，若不是裸露在外的屁股實在冰冷，繼續如此欣賞夜景也是絕妙的體驗。

十點做完晚課，就寢前，先把佛珠、手電筒及口哨放在枕頭旁，多年來獨自在遍遠地區旅行，已習慣會作些保護措施，萬一有狀況才能應變。這口哨原本是我在台灣登高山時的山難求援裝備之一，吹起來非常響亮，可以傳到很遠距離。

身上蓋著兩床厚重棉被，要翻身都有困難，一開始冰冷，我一動也不動躺著，蓄養著身體和棉被之間的溫度。一時還睡不著，想起自從2005年獨行雲南、西藏及四川的藏區之後，年年進藏區，有過無數次在陌生地方獨宿的經驗，那些比較舒適的住宿經驗，早已淡忘，反而是最落後最克難的住宿經驗，歷久彌新。

我睡了一晚的房間

　　感受到一種受助於人的溫暖幸福，依著呼吸頻率均勻持咒，終於睡著，但很快又被那每隔一段時間轟隆作響幾秒鐘的馬達給驚醒，張開眼，望見頭上刷著粗糙白漆的屋頂，似曾相識，腦筋幾秒鐘空白後，才想起自己住在蒙古人家的土房子裡，屋頂的粗糙白漆和四壁刷得一模一樣。

　　側頭看向窗外，月亮西沉了，月光更直接地穿過玻璃窗灑進來，滿室生輝，宇宙韻律宛若月光曲輕柔響起，感覺整個空間流淌成一首詩，倉央嘉措那首著名的詩也在腦中浮現，原味質樸的「在那東山頂上，升起了皎潔的月亮。嬌娘的臉蛋，浮現在我的心上」，倉央嘉措啊，您在寫下這首詩時；您在看到那輪從東山頂上升起的明月時，到底內心是在想些什麼呢？

　　我就這樣追憶著倉央嘉措的詩，追憶著倉央嘉措三百多年前望向月光時的情懷，他一生的故事也靜靜地穿越時空，到我眼前流轉，我好像被包進看不見的神秘氣泡中……。

騰格里沙漠的眼淚

在沙漠中只要看到水就代表著生命

六點半，天際剛魚肚白，毛師傅來了，瘦高身材，膚色黝黑，臉上掛著純樸的笑，顴骨高聳，開了輛比昨天看到的那輛老舊的吉普車，我只能暗中祈禱及信任老迪喇嘛的推薦。互相招呼後，毛師傅用不太肯定又想確認的語氣問我：

「你不會暈呵?!」

我搖頭回答不會，心中奇怪，昨晚老迪喇嘛打電話聯絡他時，也轉頭問過我：

「毛師傅問你會雲嗎？」

「雲？什麼意思？」老迪喇嘛的普通話帶點特殊口音，我沒聽懂。

「搭車會不會雲？」

喔，不是雲是暈，小時候我很會暈車嘔吐，讀高中後因天天搭車上學，久而久之適應了，這幾年來在藏地搭客車旅行，即使車再破，路再顛簸，也都沒暈過。

上路開了一段後，我立刻明白為什麼毛師傅會一再問我會不會暈車，眼前看不到任何平路，到處都是大大小小的沙丘阻隔，要往前開，吉普車只能持續翻越一個又一個的沙丘，仰衝俯落，有時沿著半月型沙丘邊緣開，車子一側高一側低，感覺下一秒鐘就會翻車，我的一顆心跟著提高到喉頭，幾次忍不住「啊」地低呼出聲，毛師傅雙手邊忙著打方向盤邊轉頭對我一笑：「沒事，不用怕！」

儘管已經右手抓住門側把手，左手和腳掌緊緊抵住前面儲物箱，但隨著方向盤打左打右，我依然整個人左歪右歪，身體沒半秒鐘是正的。有時吉普車加速衝過陡沙丘，翻過沙丘頂後車頭瞬間從最高點變成最低點，彈跳似的往下直直墜落，像在坐雲霄飛車，一顆心又快要衝出口了。以前看旅行社宣傳搭乘吉普車進入沙漠探險，都會用「陸地衝浪」形容，當下親身體驗，真是再貼切不過了。

毛師傅告訴我要過四個沙漠才會到達承慶寺，我聽得一頭霧水，不就是一個騰格里沙漠嗎？哪裡跑出來四個？想問但身體上下左右晃動不停，頭真的快暈了，便緊閉雙唇，不想說話。

過一會兒，沙丘不見了，前面出現一片平坦的沙礫土石地，毛師傅說：

「紅鹽湖到了！」

「紅眼湖？為什麼叫這個名字？是湖的樣子像紅色眼睛嗎？」

幾乎快要被沙丘淹沒的承慶寺

「不是，是因為這裡產紅色的鹽，所以叫紅鹽湖。」

「湖在哪裡？沒看到。」我伸長脖子往四周瞧。

「這裡看不清楚，在右側被沙堆擋住了。」

車子平穩地走了一段，我緊繃的身體剛剛恢復，眼前出現大大小小
沙丘，又要再度陸地衝浪了，兩手趕緊抓緊，驚險的歷程二度上演，仰
衝俯落之間，有時會看到沙丘與沙丘之間有一些看去平坦的地面，問師
傅為什麼不走那邊好走的路？師傅側頭看一眼回答：

「那不能走，會陷車。」

他解釋因爲冬季地面全結冰，3月份氣溫開始回升，冰逐漸溶化，水滲進土層，造成鬆軟，表面看不出來，人走在上面也沒事，但吉普車體積太重，一開上去就很容易陷入。最後加上一句：

「開在沙堆上雖然車輪會打滑，上上下下容易暈車，但至少不會陷車。」

「那也要像你們經驗豐富，技術到位，要是我來開，肯定陷入沙裡。」

毛師傅大笑：「沙漠裡技術最到位的是駱駝，從頭道湖到承慶寺直線距離才3、40公里，開車必須繞著走，要多開十幾公里，只有駱駝可以走直線……。」

「看！那邊有駱駝！」我打斷師傅，興奮大叫，隔著一段距離的沙丘上有一匹駱駝正在漫步。

「那是附近牧民人家養的。」

不一會出現第二片沙礫土石地，地名叫「小鹽湖」，過了小鹽湖又再進入沙丘地貌，我恍然大悟毛師傅說要經過四個沙漠，原來是指騰格里沙漠被沙礫土石地隔開，當我們翻過第三段沙漠之後，出現第三片沙礫土石地，名叫「二道湖」；再翻過第四段沙漠後出現第四片沙礫土石地，便是「三道湖」，承慶寺就位於三道湖。

每片沙礫土石地的面積都不小，散居著幾戶人家，毛師傅說以前住家很多，陸續搬走了。

昨夜月明星稀，我原本懷著很大期望能欣賞到沙漠中的日出，期待著天空從冷冷的蒼白轉變成輕柔的紅光，普照浩瀚沙漠，沒想到是個大陰天，天空灰蒙暗沉，沙漠也倍增蒼涼。不過，騰格里畢竟是中國第四大沙漠，一望無際連綿起伏的沙丘高低錯落，如同凝固的波浪，它的雄渾壯闊還是令人嘆爲觀止。

承慶寺正門前長滿又粗又密的枯草叢

　　走了兩個小時，我已經適應了上下左右顛簸的陸地衝浪。車在沙丘
中前進，不管是在沙丘底還是沙丘頂，四周望去全是長得大同小異的沙
丘景觀，我完全沒有方向感，但看毛師傅一路開得很有自信，也不用停
下找路，我好奇地問：

　　「毛師傅，今天沒太陽指示方向，我看您也沒用指北針，那您怎麼
知道開的方向對不對啊？」

　　毛師傅自信十足地笑了：

　　「沙漠就是我們蒙古人的家，我在這裡出生長大，三道湖我也去過
很多次，不用太陽和指北針，憑感覺我就知道怎麼開了。」

　　憑感覺在沙漠開車！真是佩服，我還在嘖嘖稱奇，毛師傅下巴往前
一抬：

　　「承慶寺到了，就在前面。」

　　這時車已開上硬質土路，我順著毛師傅指的方向望去，視線穿過被
一陣大風捲起的漫天沙塵，一間小小的寺廟伴隨著遍地枯乾的草叢、幾

倉央嘉措舍利塔

棵枯樹及荒蕪的土房子一起從地平線冒出頭來，啊，這就是傳說中的
「承慶寺」！

　　寺廟在眼前一步步放大，愈來愈清楚，但我的心中絲毫沒有找到的
歡欣，只有愈來愈深的的悲愴，我告訴自己：是因為冬天和陰天的關係
吧，這一切才會顯得如此蕭瑟，門扉緊閉的正門前長滿又高又粗的枯黃
草叢，另一側，整個寺廟及建在廟外空地的舍利塔幾乎全要被沙丘淹沒
了，荒涼滄桑，轉身望一眼廣闊的騰格里沙漠，沙丘連綿一望無際，就
算是在交通工具發達的今日，除去沙漠探險隊，有誰會願意來這樣的地
方呢？而蒙古人口中的這位六世達賴倉央嘉措，卻是早在三百多年前，
就克服萬難於此建寺弘揚佛法，是何等偉大的一種佛心願力啊！引我這
佛教徒百感交集，眼眶泛紅，沙漠的風依舊夾雜著細沙呼呼刮著，淚眼
迷濛中，彷彿看見騎著駱駝的藏紅袍身影於漫天飛沙中徐徐而行，就算
蒙古人說的這位高僧不是真的六世達賴喇嘛倉央嘉措，也令人無比景
仰。

毛師傅的表哥是管理承慶寺的僧人之一

　　就在這一刻，我下定決心要寫六世達賴喇嘛倉央嘉措一生的故事。

　　毛師傅和一位手持鑰匙的喇嘛向我招手從邊門進去，小庭院裡就只有一棟大殿，殿外左右兩側，分別以漢文及蒙文寫了阿拉善左旗重點文物保護單位、寺廟名稱承慶寺及 1999 年公佈等字樣，喇嘛打開大殿時，毛師傅告訴我：

　　「他是我表哥，六十多歲了，我常幫他們送東西來。」

　　我順口問了毛師傅年齡，只有 46 歲，可能是沙漠生活操勞，他們看起來都比實際年齡衰老。

　　大殿正中央同樣供奉著六世達賴的小舍利塔，承慶寺是六世達賴喇嘛倉央嘉措在阿拉善主持修建的第一座寺廟，1716 年始建，1739 年建成後，舉辦了第一屆「阿拉善經會」。倉央嘉措經常在此傳教，1746 年也選擇於此圓寂。

　　三百年古剎，承慶寺在清朝及文化大革命時各被毀壞過一次，規模早不復見。目前有三個喇嘛留守，他們就住在寺廟外圍的房屋，其餘都

承慶寺僧人的家就位在寺廟旁，圖中央輪胎位置即是水井

回更遠的家去了，一個月一次的法會，會聚集十多位喇嘛，而從四周沙漠腹地來參加法會的民眾，有時多達百來人，主要都是沙漠中的蒙古族牧民。

　　邊參觀邊請毛師傅以蒙古語幫我問喇嘛有關六世達賴的事蹟，可惜一問三不知。參觀完了，毛師傅邀我一起到表哥家喝茶，一位老婦出來招待我們，毛師傅介紹是表嫂，我在心中打了個問號：「奇怪，這邊寺廟的傳承不是格魯派嗎？怎能娶妻生子？」❶表哥有四個小孩，全在外地，只餘老夫婦兩人。

---

❶《西北民族研究》1996年第一期專文「藏傳佛教在土族和裕固族中的傳播與發展」，提到明代時，甘肅地區因受自然災害及戰爭影響，人口銳減，清初又遭青海蒙古羅卜藏丹津反清之亂連累，再遭戰火，嚴重破壞本就不發達的經濟，而且男子死亡過多，勞動力嚴重不足，經過族裡頭目研究後向當時的甘州提督申請，獲得准許，允許僧人娶妻生子，平時在家協助農牧業生產活動，遇有宗教活動便返回寺院參與，這種現象在裕固族地區不會被視為違反教規，之後僧人結婚成家變成普遍現象。

當年曾供奉六世達賴喇嘛肉身法體七年的舍利塔（此為重建）

　　有一份資料記載，六世達賴往生時，弟子因傷心流下淚水，淚水後來全化成菩提樹，我卻一棵也沒看到，老喇嘛和毛師傅都說附近沒有菩提樹，我改口問那有楊柳嗎？也沒有，他們說只有白楊樹，再往裡的水邊則有梧桐樹。

　　中午返回頭道湖，毛師傅有事先離開，我請老迪喇嘛一起在昨晚那家小餐館吃飯，他和老闆娘看到我的第一句話都先問：「有沒暈？」「暈了沒？」

　　「沒暈，一開始是有點怕，後來適應就好了。」

　　他們有點意外，之前外地來的每個人搭車進沙漠都暈，嚴重的還會嘔吐，老闆娘誇我身體好。飯後老迪喇嘛先回寺廟，我彎到當年供奉六世達賴喇嘛肉身七年的舍利塔拍照，圍牆門鎖著進不去，只好爬上牆邊土墩，舉高相機往裡照，是新修的建築，很普通，但想到這就是三百年

中為六世達賴喇嘛，右為其轉世的第二世土登嘉措，左為心傳弟子阿旺多吉

前駱駝從承慶寺負載倉央嘉措肉身，走到昭化寺蹲坐地面再也不肯走之
處，眼前一切就有了特殊意義，我繞著外牆順轉三圈，默默祈福許願。
沙漠又颳起大風，塵沙飛揚，兜了我滿頭滿臉。

　　老迪喇嘛再度陪我參觀寺院，進入上回沒進去的觀音殿，內有六世
達賴喇嘛及其轉世的第二世土登嘉措及心傳弟子阿旺多吉三人的塑相，
六世達賴喇嘛眼睛塑得又大又圓，還留著山羊鬍，和我從網路看到的倉
央嘉措唐卡畫不太一樣，我問：

　　「這些都是新塑的吧？」

　　「嗯。」老迪喇嘛點頭。

　　「那怎麼知道他們三人長什麼模樣？」

　　「老人們說是依據一代一代傳下來的形容塑成的。」

　　下午天氣愈加惡劣，大風夾雜塵沙，在屋外根本無法行走，不見居

民來參加誦經會，幾位喇嘛決定延到五點才開始，我於是提早回到蠻井灘小旅館，迫不及待地觀看了老迪喇嘛給我的光盤，那是 2010 年 8 月拍的，一開始就介紹：

> 三百年來，阿拉善富饒安康，相傳離不開一位聖者的保佑，他就是倉央嘉措。而昭化寺的由來也與這位聖者有密切的連繫。六世達賴喇嘛在阿拉善盟生活了整整三十年，在此廣傳佛法，弘法利生，他在世時人們並不知道他的真實身份，被稱爲「德頂格根」，即來自雪域高原的上師尊者。

接著，介紹六世達賴被送往京城途中，在信眾協助下逃脫，雲遊各處聖地後，回拉薩帶著自己的十二個門徒，經西寧直奔阿拉善，途中在牧民朝克圖家中借宿時，看星相感覺此地是傳教的最佳地點，後來於此建立寺廟，即今日昭化寺；收阿旺多吉爲弟子、弘法直到圓寂等，內容和網路資料相同。

影片畫面以自然景觀爲主，一部份是以真人演出六世達賴喇嘛與阿拉善結緣的過程，我仔細端詳，扮演六世達賴喇嘛的人還真的是老迪喇嘛呢。

中間還插了一段賈拉森活佛專訪，由他談六世達賴喇嘛從青海湖離開後，朝聖各地，最後落足阿拉善弘揚佛法過程……。

賈拉森活佛是誰？之前沒聽過，上網搜尋，原來倉央嘉措圓寂後，心要大弟子阿旺多吉遵照上師遺願興建廣宗寺，建成後，以倉央嘉措爲廣宗寺第一代「德頂格根」，以阿旺多吉爲該寺第一代「喇嘛坦」，德頂格根和喇嘛坦成爲廣宗寺二個轉世系統，都是清朝政府冊封的呼圖克圖（蒙古語，意爲活佛）。

德頂格根轉世了六次，第六世於 1958 年圓寂後因故未再轉世；喇嘛坦目前轉世到第六世，1947 年出生於甘肅省天祝藏族自治縣的一個蒙古族家庭，法名阿旺羅桑丹比堅參，他自取法名中「堅參」二字，按照蒙古式讀法，叫「賈拉森」，人稱「賈拉森活佛」，是個學識淵博、和藹謙遜的學者活佛。文化大革命時，廣宗寺成爲廢墟，他被下放勞改，之後受推薦進入內蒙古大學學習，曾至日本進修，1981 年，由他主持廣宗寺重建計劃，目前除了擔任寺廟住持，同時也是內蒙古大學教授，蒙古語文學家。

石門天險

進入石門溝，石門寺馬上就到了

離開巒井灘清晨，一輪紅日東升，天空湛藍，與前一天景觀有天壤之別，心生懊惱，不過，或許也是老天爺刻意以陰天讓我感受倉央嘉措苦難的命運吧！

輾轉換了三趟火車、汽車，順利抵達甘肅省天祝藏族自治縣，這裡的藏族自稱「華熱哇」，意思是英雄部落的人。根據史料記載，大約七世紀後半，吐蕃王朝（即西藏）迅速崛起，很快由青藏高原往外擴張，其中有支部隊所向無敵，長期佔領河西，由於未接到藏王召返的命令，駐留原地待命，久而久之，由軍變民，進入祁連山區，於不同的社會及自然環境中生存，逐步形成今日的天祝藏族。

從縣城和幾個要回石門的本地人合搭小麵包車，出城後，沿河西行約十多公里，忽見前面出現峽壁山勢，兩相對峙，儼然一座石門，不用問人我就知道石門到了，因為石門鎮就是以建在兩山狹窄似門形的山谷內而得名。

曾看到一份資料，德國一位研究飛碟與神秘現象的著名作家哈特維希・豪斯多夫（Hartwig Hausdorf）走訪中國，調查收集外星文明曾造訪中國的證據，當他慕名參觀石門後，返國後有了驚人發現，發表了一篇標題「5000年前鐳射切割的傑作」的文章。

順著天祝縣城西行約二十英里，有兩旁角度為70～80度的垂直斷崖，這種斷崖是屬於白堊紀的奇氏構造，在北美的洛磯山脈最為分佈，但至今尚無人證實在亞洲海拔2000米以上有類似形態，這激起了我調查的欲望。

我在這奇異的山峰進行了取樣，回國後把樣品交給了柏林歷史博物館的馮・荷曼教授，他是我認識的最傑出的地質學家。兩週後，教授在他的實驗室約見我，給了我一份讓人難以相信的報告。

這些岩石樣本經C-14測定，表面形成時間約5000年，可是去掉風化層以後，竟然發現岩石的岩壁面的結構相當奇異，既不是岩層斷裂形成的，也不是熔岩活動的結果，在岩石表面，有相當緻密的一層凝結層，有幾種元素比例很高，教授最後發現與鐳射切割的岩石表層極為相似，所不同的是該岩石的切割面更為細膩，可以假設為該切割鐳射系統的功率極為強

位在一片稀疏樹林上方的石門寺

　　大。但這是 5000 年前的岩石啊……。

　　依照老教授研究報告，石門崖壁有可能是 5000 年前被比現代鐳射還強大、細膩的技術切割而成，但鐳射是到二十世紀才被人類發現，5000 年前怎能可能有那麼先進的技術？當地人則傳說石門的崖壁是由吐蕃神話人物格薩爾王用劍劈開的，難不成格薩爾王是外星人，他的寶劍是鐳射刀？兩相對照，甚為有趣。

　　石門寺就在河畔山坡上，沿著斜坡上行，經過大片稀疏的枯樹林及幾戶民家後，新建殿堂和舊寺斷垣遺跡一起現身，大殿上鎖，不見僧影，旁邊有間興建中的小殿堂，我招呼正站在高架上畫壁飾的師傅，問他能不能進去大殿參觀？

走向寺廟下方小村的土族丹增喇嘛

　　師傅四周張望了一下，指給我看正好從山坡下不遠處走過的一位紅袍僧人：

　　「找那個師傅，他有鑰匙可以開門。」

　　出聲喊住那位僧人，隨他進入大殿，裡面很小，不准拍照，我禮佛三拜，繞行一圈供養完，請教僧人大名，他遞給我一張名片，呵，出家人印名片，我第一回碰到。名片上寫著兩個名字，漢名姓李，藏名叫丹增甲措。

　　「丹增師傅，您是藏族還是漢族？」

　　「都不是，我是土族❶。」

---

❶專家考證，土族祖先土谷渾人是鮮卑族的一支，在遼東時信仰原始宗教薩滿教，移居青藏高原後，在與南北朝通商中才改信仰佛教，最早自稱「蒙古勒」或「蒙古紮爾」，意為蒙古人；也有自稱「土昆」或「土戶家」；藏族人叫他們為「霍爾」；漢籍稱為「西寧州土人」、「土民」，目前統一稱為「土族」。

土族？這也是我第一回碰到，中國有56個民族，無奇不有。

「土族也信仰西藏佛教嗎？」

「是啊。」

「我看到那邊正在興建殿堂，還有前面的八大舍利塔好像也剛建好？」

「嗯，再過幾個月完工，大約9月賈拉森活佛會來主持開光儀式。」

原來石門寺是廣宗寺的屬廟，舉辦大型法會時都是由賈拉森活佛主持。

我還想請教一些有關六世達賴的事蹟，問題都還沒說完，他指向不遠處，說那邊牆上有詳細介紹，讓我自己去看，轉身要離開前又說：

「如果你對六世達賴有興趣，9月可以來參加開光法會啊，應該會展示有關他的一些珍寶文物。」

走到他說的位置，牆上掛著一塊看板，底圖是布達拉宮，標題五個大字「石門寺簡介」，看板最底下是一堆標語，宗教場所標準「五好」、增強僧侶「四種意識」、使廣大僧侶成為「四熱愛」等，看到四熱愛是「熱愛中國共產黨、熱愛祖國、熱愛人民、熱愛宗教」，我忍不住搖頭嘆氣。

中間密密麻麻寫滿文字，內容分為寺院創建、現存文物古跡和寺院現狀三大項。石門寺前身由西藏達納活佛創建於明朝，清順治9年（西元1652年）五世達賴進京途中曾到石門寺講經，後被清將年羹堯率軍燒毀，六世達賴喇嘛倉央嘉措新擇寺址（即現在位址）重建，僧眾發展到八百多人，1958年再度被毀，直到1981年重建小經堂一座。

新建經堂雖小，但珍貴文物卻列了不少，我心想怎麼可能？下面一句說明解開了我的疑惑，「石門寺馬丹增師傅設法於1958年隱匿並保存到今天」，這位冒生命危險保存寺廟文物的馬丹增師傅，簡直可以稱為寺廟的大護法，令人讚歎。

在列出的一大堆文物項目中，我只對和倉央嘉措有關的文物有興趣，共有三項：「尊者倉央嘉措穿過的法衣一件；倉央嘉措親手繪製的本人唐卡一面；阿旺多吉撰著的《六世達賴喇嘛倉央嘉措傳》手抄本一部。」

看板還針對石門寺的地位下了自豪的註解：「可以這樣說，有關達

賴喇嘛其殊勝功德親自主持創建的寺院，並任寺主主持寺政達25年之久的禪林，在安多地區來說是絕無僅有的。」

所言不虛，倉央嘉措擔任住持最久的寺廟就是石門寺，在《六世達賴喇嘛倉央嘉措秘傳》一書中有詳細記載。1721年，石門寺前身嘉格隆舊寺的僧人請求倉央嘉措擔任座主，倉央嘉措不允，僧人再三懇求。

　　恰恰這時尊者的視覺中出現了嘉格隆大殿的景象。原來那裡有一尊瑪索瑪護法神像，這畫像本是朱古曲央嘉措親手繪成的，從札什倫布寺的聖器中偷來此處。當時尊者忽然見到那畫中天女手上所執寶劍的蠍子劍柄，蠍足在籔籔跳動，因而心不在焉，漫聲應道：
　　「做你們的寺主自然不在話下。」
　　俄頃，又問他們：
　　「我剛才對你們說了什麼？」
　　眾人稟道：
　　「已答應擔任我們的座主了。」
　　「那麼，你們大殿上有一幅天女畫像嗎？她手中拿的什麼？」
　　那些人對自己供奉的神像未曾留意，張口結舌答不上來。大多數人說：
　　「大概是棍子。」
　　尊者笑了：
　　「對自己依止的神像不仔細瞻仰，如此胡說。哪裡是什麼棍子，是一把用蠍子做柄的寶劍！我因為被那蠍子腿籔籔爬動所吸引，走了心神，所以順口答應下來了。即然如此，你們先回去！我將在仲秋上旬動身去那裡。」

後記

5月下旬，我從臺北打電話到石門寺問丹增甲措喇嘛9月開光法會的時間。

「還沒確定，你是哪裡啊？」

我於2013年3月拜訪石門寺時，多項工程正在進行中

　　「我3月份來過，您說賈拉森活佛會來主持開光法會，我想來拜見
活佛。」

　　「你不知道啊？活佛圓寂了。」

　　「您說什麼？誰圓寂了？」電話有點雜音，聽不太清楚。

　　「賈拉森活佛啊，已經圓寂了。」

　　我愣住了，拿著話筒停了幾秒鐘說不出話來，丹增師父還在話筒那
端重複問：「你是哪裡啊？叫什麼名字？」我機械的說了聲「謝謝，再
見」，掛掉電話。

　　回過神來，上網搜尋，找到舊新聞「中國佛教協會副會長賈拉森活
佛圓寂」，活佛是4月28日於呼和浩特安詳示寂，享年66歲，隔日遺
體送返廣宗寺，舉行一週誦經祈願法會後進行茶毗。

　　世事真是無常，我拜見活佛、採訪活佛的美夢就此宣告破碎。

【第二部】迷宮的入口出口

倉央嘉措熱於彼岸燃燒多年

五花八門的資訊建構成迂迴的迷宮

引人走入陷阱，茫茫然不知所以

柳暗花明的出口在哪裡呢？

以證據確鑿的倉央嘉措自傳爲依據，以歷史爲脈絡

探尋倉央嘉措的前世今生

希冀穿過混沌，撥雲見日

疑似風月

屬寧瑪派六大傳承之一的敏珠林寺，於藏曆四月舉行曬大佛（蓮師唐卡）

下定決心要寫倉央嘉措一生的故事後，我開始從書店、圖書館、網路大量收集有關他的資料，閱讀坊間以倉央嘉措爲主題的著作、評論，查閱史書記載，意外看到有一些人主張：倉央嘉措雖然是格魯派（西藏四大教派之一，達賴喇嘛所屬教派）的教主，實際上，由於他的祖先是寧瑪傳承世家，他也以研習寧瑪派教法爲主。當他在青海出逃時，隨身攜帶的物品只有寧瑪派特別信奉的「未生怨王」護身寶器和寧瑪派根本道場敏珠林寺創寺者日增・戴達嶺巴（台灣譯仁增・德達林巴）所賜的古降魔橛。後來他雲遊各地時，除了前往格魯派寺廟參訪修行，也多次駐留寧瑪派大師修行洞，依寧瑪派傳承修習。

其實不只六世達賴和寧瑪派特別有因緣，他的前一世五世達賴也是如此，十七世紀，五世達賴不僅扶持原有寧瑪派寺院擴大勢力，還提供協助創建寧瑪派新寺，專門傳授寧瑪派教法，並且每遇戰亂、災害、瘟疫等，西藏政府都要請桑耶寺寧瑪派高僧進行占卜、修法禳解，因此提高了寧瑪派在社會上的地位，使得寧瑪派在西藏得到進一步發展，有過一段輝煌歷史。

我個人近幾年來也是隨著寧瑪派上師專一修行，有了這一層關連，對倉央嘉措頓然興起同一教派傳承、血濃於水的親切感，雖然我們生存的年代相隔了三百多年，我卻在幾次專程拜訪他走過之處後，及回想自己以往就已走過大部份他走過的地方時，覺得和他特別親近。

我花了許多時間閱讀所有收集到的資料，大陸寫其人其事其詩的書籍及文章琳琅滿目，但幾乎都舞文弄墨側重在寫相思之苦、寫情愛之纏綿悱惻，絕大多數穿鑿附會或是擅自臆測或是添油加醋，想像力如天馬行空，看得我瞠目結舌，那已經不是在寫倉央嘉措的故事，簡直可以說是作者個人的文學創作了。

尤其是特意僞作或被以訛傳訛的詩充斥網路世界，經常一夕爆紅，被網民無限轉發，讓人無法理解到底是倉央嘉措的魔力火熱還是讀者的自我蒙蔽使然？

電影「非誠勿擾」續集於 2010 年底上映，在中國大陸創下票房 5 億人民幣的佳績，成爲當年最賣座的電影之一。如果你看過這部電影，應該記得片中男主角爲得癌症的好友李香山舉辦一場生前告別會時，李香山的女兒川川在會場爲父親朗誦了一首詩：

你見，或者不見我
我就在那裡，不悲，不喜
你念，或者不念我
情就在那裡，不來，不去
你愛，或者不愛我
愛就在那裡，不增，不減
你跟，或者不跟我
我的手就在你手裡，不捨，不棄
來我的懷裡，或者，讓我住進你的心裡
默然，相愛
寂靜，歡喜

　　這首詩出自作家札西拉姆‧多多創作的詩「班札古魯白瑪的沉默」，收錄於2007年她的詩集《疑似風月》，班札古魯白瑪是寧瑪派開山祖師「蓮花生大師」的藏語發音，作者曾對外說明她創作這首詩的靈感來自蓮花生大師曾說：

　　「我從未離棄信仰我的人，或甚至不信我的人，雖然他們看不見我，我的孩子們，將會永遠永遠受到我慈悲心的護衛。」

　　通過這首詩，她想要表達的是上師對弟子不離不棄的關愛，而非世俗的愛情、風月。

　　但就連作者本人萬萬也沒想到，電影上映後，人們在網上瘋狂轉載這首詩，流傳時還加上「倉央嘉措」四個字，連同電影片尾曲「最好不相見」也被說成是倉央嘉措的詩作，但其實只有前四句是倉央嘉措所寫，後面全是今人演繹。

第一最好不相見，如此便可不相戀。
第二最好不相知，如此便可不相思。 ❶
第三最好不相伴，如此便可不相欠。
第四最好不相惜，如此便可不相憶。
第五最好不相愛，如此便可不相棄。

---

❶這四句莊晶譯為：「壓根沒見最好，也省得神魂顛倒。原來不熟也好，免得情思縈繞。」

西藏山南地區扎囊寺的蓮花生大師壁畫

第六最好不相對，如此便可不相會。
第七最好不相誤，如此便可不相負。
第八最好不相許，如此便可不相續。
第九最好不相依，如此便可不相偎。
第十最好不相遇，如此便可不相聚。
但曾相見便相知，相見何如不見時。
安得與君相訣絕，免教生死作相思。

一夕之間，大陸再度掀起「倉央嘉措熱」，在網路圖書排行榜中，有關倉央嘉措的著作全都躍進排行榜，各家出版社紛紛加印之前有關倉央嘉措的書或者重新編寫新書。

其實倉央嘉措詩歌被誤傳，並非從「非誠勿擾2」才開始，之前早就有一些流傳在網路的現代詩，被冠上「倉央嘉措最美的詩句」或「倉央嘉措蕩氣迴腸的情詩」等形容詞，極盡溫柔纏綿，深情款款，但事實上都與倉央嘉措無關。

其中最被廣為流傳、最打動人心的就是鄭教授給我的信中附加的那首，基本版如下：

那一日，我閉目在經殿的香霧中，驀然聽見你頌經中的真言；
那一月，我搖動所有的經筒，不為超度，只為觸摸你的指尖；
那一年，磕長頭匍匐在山路，不為覲見，只為貼著你的溫暖；
那一世，轉山轉水轉佛塔，不為修來生，只為途中與你相見。

很多人經由這首詩知道「倉央嘉措」這個名字，但也僅僅只是知道名字而已，頂多還知道這個人是「不愛江山愛美人」的活佛（大陸對轉世高僧的慣稱），此外，對他一無所知。

儘管也有人出面澄清哪些是偽作，哪些是以訛傳訛，但是全然陶醉於倉央嘉措情詩中的大眾完全不在意，他們說：「管它是不是倉央嘉措寫的，能感動我就好了。」

從文學創作角度來看，能引起共鳴、能感動人心的當然就是好作品，但明明不是倉央嘉措詩作，為什麼要假托他的名流傳呢？難道是想要借「倉央嘉措」四個字去成就詩作的附加價值？平心而論，有些托名倉央嘉措創作的詩作都很優秀，身為創作者，任何一項作品都宛如自己懷胎十月的親生子女，我想不通為何有人會把自己的親生子女往外推，冠上別人所生之名。

基本上，判斷是真是假的方式很簡單，倉央嘉措詩作所採用的是西藏最普遍的民歌形式，大都是四句，極少數是六句或八句，每一句都是六音三頓。在所有倉央嘉措詩作中，不是四句的只有四首。

揭開秘密的一本書

《倉央嘉措秘傳》一書作者阿旺多吉塑像

2013年圓寂的賈拉森活佛，生前曾寫過一篇「有關《倉央嘉措傳》的幾個問題」，他以親身經驗說：

> 小時候在阿拉善南寺時有機會接觸知道有關六世達賴喇嘛傳聞的僧俗老人，聽說過六世達賴喇嘛的各種傳說，……我們阿拉善一直被認為是倉央嘉措的歸宿地點，過去幾乎人人都知道六世達賴喇嘛倉央嘉措和《倉央嘉措傳》作者阿旺多吉（即阿旺倫珠達爾吉），關於他們師徒的傳說也流傳較廣。過去僧俗信眾都堅信在二百多年前來到阿拉善，為利益聖教眾生，往返於蒙古、安多諸地，弘揚佛法，最後示寂於阿拉善，並將自己的遺體留於後世，做邊荒北土無主眾生之依怙的，正是蓮花手觀世音之化身六世倉央佛。阿拉善人普遍都認為佛教在阿拉善地區的傳播，尤其是好多寺廟的建立及其鼎盛，在很大程度上和倉央嘉措的作用與影響有關。……提起內蒙古地區宗教、召廟史等話題，或接觸這樣的研究課題，自然要涉及到六世達賴喇嘛，在阿拉善地區尤其是這樣。把六世達賴喇嘛作為全旗的福田，供奉了二百多年。

《阿拉善盟志》1998年版有記載六世達賴喇嘛倉央嘉措的事蹟，阿拉善左旗文化局和廣宗寺管理所也編撰了《六世達賴喇嘛與廣宗寺》一書，還有我於廣宗寺遇到的格日勒女士提到的其它蒙文書籍均有倉央嘉措的記載，只是很少漢譯。

關於倉央嘉措在阿拉善地區弘法三十年的最有力證據，是一本藏文原名《一切知語自在法稱海吉祥賢傳記殊異聖行妙音天界琵琶音》的書，這本書是內蒙古阿旺多吉以藏文寫成的第六世達賴喇嘛倉央嘉措傳記，阿拉善當地人俗稱《德頂格根傳》。「德頂格根」是蒙古語「上師尊者」的意思，乃當地蒙古人對倉央嘉措的尊稱。這本書也就是譯成漢文後，大家經常在說的《倉央嘉措秘傳》（以下簡稱《秘傳》）。

「在阿拉善也有蒙古文的叫《德頂格根傳》的書，不知為何人所作，它沒有出過刻印版本，只有幾部手抄本。但它不是《倉央嘉措傳》的蒙譯本，是某人編寫，並寫進許多阿拉善地方上的事情。」賈拉森活佛也曾說過。

《秘傳》在1757年寫成後，首先在阿拉善南寺（廣宗寺）刻版印行，並在各寺廟間流傳，到了二十世紀初，有人獻給十三世達賴一部，十三世達賴看完後讚不絕口，下令在拉薩刻版印行，這本著作才被藏人所知，今日坊間流傳的鉛印本的基礎也來自此拉薩版本，不過在拉薩木刻本之前，是否有以手抄本的形式流入西藏，則無從知曉。

　　這是唯一有關六世達賴喇嘛倉央嘉措傳記的刻本，書名「語自在法稱海」是藏文意義的漢譯，若直接讀藏語發音「阿旺曲扎嘉措」，其實就是倉央嘉措後半生於阿拉善弘法時所用的假名。

　　藏文書名只提到「自傳」，為何譯成漢文後會變成「秘傳」呢？譯者莊晶說明他所依據翻譯的藏文拉薩版，在每頁背面橫眉處都有「倉央嘉措秘傳」的藏文字，對此說法，精通蒙、藏文的賈拉森活佛指出南寺版橫眉處沒有這些字，只標數字頁碼，一般藏文經卷橫眉處只會寫書名的簡稱，而簡稱的詞語通常會包括在書名全稱中，但無論從書名全稱或書的內容都看不到「秘傳」的字眼，因此，賈拉森活佛主張這本傳記應稱為《倉央嘉措傳》比較適當。

　　阿旺多吉寫的這本倉央嘉措自傳，在阿拉善地區雖有刻印本，但因為以藏文撰寫，只有寺廟精通藏文的高僧才看得懂，一般老百姓只能靠口耳相傳方式知曉。據說，過去南寺活佛曾多次對僧俗大眾講授傳記內容，引導大眾明瞭六世達賴倉央嘉措對北土眾生的慈愛眷顧與他後半生不遺餘力弘揚佛法的過程。

　　《秘傳》是一部宗教傳奇色彩濃厚的傳記，但作者敘事明晰，年代交待清楚，完整地記錄了倉央嘉措從降生到圓寂的一生經歷，最珍貴地是描寫了倉央嘉措後半生的經歷。書中所談到的地名、人物和歷史事件，幾乎都有據可查。作者阿旺多吉是倉央嘉措最信賴、最寵愛的心要弟子，就此而言，倉央嘉措在某些時候對他吐露一些自身經歷也是合情合理的。

　　阿旺多吉到底是什麼樣的一個人呢？ 1715年他出生在內蒙古阿拉善一個台吉（貴族）家，為家中獨子，他的家族是固始汗後裔，阿旺多吉從小出家，追隨倉央嘉措學習佛法，後來倉央嘉措特地指派他前往西藏學習顯密教法傳承，造詣頗深，為他後來建立南寺、主持寺廟打下深厚基礎。

阿旺多吉興建的廣宗寺，供民眾轉經用的瑪尼輪

在《秘傳》中，阿旺多吉寫到自己和六世達賴喇嘛第一次會面的經過：

> 當時筆者年方二歲，……我坐到尊者懷中，尊者對我十分慈愛，摩挲著我的頭，說著憐恤我的話，顯得非常高興。可是我卻在尊者懷中撒尿一泡。尊者把這說成是極其良好的兆端。

民間則傳說，昔日倉央嘉措初到阿拉善時，途經阿旺多吉家，才二歲的阿旺多吉恰好哭了，倉央嘉措聽到了說：

「這是第司的聲音，真可憐！他把我找到這個地方來了，他和我有不可分離的緣分。」

不過按常理推測這是不可能的，倉央嘉措抵阿拉善時隱姓埋名，避免暴露身份，怎麼可能一來就公開說出這樣的話？比較可能的是，阿旺多吉拜倉央嘉措為師後，過了段時間，倉央嘉措才確認阿旺多吉是第司轉世，這在倉央嘉措於廣宗寺的第二世轉世土登嘉措所著《第司諾門汗大寶本生禮讚之頌》中可印證，土登嘉措從文殊菩薩依次排列到第司桑結甲措、阿旺多吉，並說：「此各次降生之寶珠，據羅桑仁欽倉央嘉措所口授之次第，以篤信崇敬之心，謹修之。」

第司桑結甲措是倉央嘉措前世五世達賴喇嘛的攝政，甚受五世的信賴及寵愛。倉央嘉措即位後，桑結甲措仍一手掌攬大權，博學多聞的他還親授倉央嘉措《甘珠爾》經典傳承，當他被蒙古拉藏汗殺死後，倉央嘉措也隨之被廢黜下台，兩人之間有著榮辱與共的關係。

《秘傳》也記載了倉央嘉措病重即將圓寂時，對阿旺多吉說的話：

> 尊者（達賴喇嘛）吻我（阿旺多吉）並撫摩我的頭，講
> 到：「先前我對你的恩深，如今你對我的恩重。真捨不得你
> 啊！」言罷悲戚不已。

倉央嘉措圓寂後，阿旺多吉按照上師遺願，於乾隆21年（1756年）在倉央嘉措生前選定之地動工修建南寺，第二年，基本完工，舉行了開光儀式，寺名潘代嘉措林（利樂海寺）。也就在這一年，寫成了《倉央嘉措傳》。

主持廣宗寺重建的賈拉森活佛，曾對外證實廣宗寺收藏了許多和倉央嘉措有關的文物，文革時，廣宗寺的佛像和文物不是被毀就是遺失，只有一部份在文革前正好被內蒙古佛教協會收集準備辦展覽的文物倖免被毀，之後歸還寺廟珍藏，其中有幾樣是《倉央嘉措傳》裡提到的物品，主要包括倉央嘉措從青海湖畔出走時，繫掛在腰間、由日增·戴達嶺巴所賜的古降魔橛；伴隨倉央嘉措走過很多地方、來自工布的羅甲在離別時送給他的一把刀；倉央嘉措在阿拉善王府阿寶夫人公主格格面前大顯神通時用的一支長柄瓷杯；公主格格獻給倉央嘉措的精美頂髻（乃積攢她自己的髮絲做成）；另外，還有一些倉央嘉措用過的法器、衣物等，以及一部倉央嘉措撰寫的藏文《阿拉善神祭供》，書末清楚地註明爲阿旺曲扎嘉措所著，謄寫人爲阿旺倫珠達爾吉（即阿旺多吉）。

《秘傳》出現後，始終未受到現代史學界的重視，只被當作一個「孤證」看待，任何寫到六世達賴生平史的專書，依然都止於1706年青海湖圓寂，少數就算有提到《秘傳》內容，也都以缺乏眞實可信度的語氣一筆帶過。

若倉央嘉措眞的只活了24歲就死在青海湖畔，那麼，那位以「塔布喇嘛」或「塔布夏仲」的名義在阿拉善地區弘揚佛法三十年，被當地民眾所信奉，認爲他是六世達賴喇嘛的「上師尊者」，又是誰呢？那些被不同寺廟所珍藏的六世達賴喇嘛的遺體、遺物又是屬於何人、來自何處呢？

在那東山頂上

這裡傳說是昔日倉央嘉措幽會情人的地方

在那東山頂上，升起了皎潔的月亮。

嬌娘的臉蛋兒，浮現在我的心上。（莊晶譯）

倉央嘉措的詩歌，專家認為可信度高的大約有60首，從字面來看，大多描寫男女之間的情愛，歡樂哀怨並有，這也是詩歌被稱為情歌的主因。其中刊在拉薩木刻版開頭的第一首「在那東山頂上」，通常在坊間不同出版本中也是列在第一位置，這首詩歌曾被譜曲，收錄在歌手譚晶同名專輯裡，唱紅了半邊天，無論藏地或內地，人人琅琅上口，但同時也是最引起百家爭論的一首。

簡潔的詞句淺顯易懂，為何還會引起爭論呢？爭執點主要來自第三句「嬌娘的臉蛋兒」中的「嬌娘」一詞。

「嬌娘」是從藏語「瑪吉阿米」翻譯而成，藏文「瑪」有兩種意思，一個是否定「不」的意思，一個是沒有「未」的意思；藏文「吉」意思是「生」；「阿米」是藏語「阿媽」（媽媽）加上「的」之後轉音而成，因此字面意思是「未生媽媽的」。由於藏語中並無這種講法，造成後世譯者對此詞紛歧的譯法，一般都從情歌角度譯成「未嫁娘」、「姑娘」、「少女」、「嬌娘」等，傳達出這首詩抒發了詩人思念情人的情感。莊晶認為把「瑪吉阿米」譯成「少女」是對「未生」的誤解，「未生」並不是指「沒有生育過的母親」，而是指情人對自己的恩情像母親一樣——雖然她沒有生育自己，他指出這個概念很難用漢語的一個詞語來表達，他自己權且譯作「嬌娘」。

對這首詩大多數譯者都以情歌角度著手，但有些人從密宗角度詮釋，認為隱含宗教的意義，將這首詩詮釋為密宗修習過程中對本尊的觀想；另外也有人從佛教視眾生如母的慈悲心切入，主張瑪吉阿米應直譯為「未生育我的母親」，解釋為倉央嘉措在看到東山頂升起的月亮時，心中頓時充滿宛如明月光輝普照大地的無私情懷，於是，在輪迴中飄泊的如母眾生容顏也浮現了。

查閱藏文詞典並無和「瑪吉阿米」類似的用法，唯一相近的只有一

八廓街東南角上的黃房子，吸引著慕名而來的遠方遊客

個「瑪吉扎」（藏語發音），即阿闍世王。阿闍世王是古印度摩揭陀國
頻毘娑羅王的兒子，結交想要謀害佛陀的提婆達多，受到提婆達多慫
恿，發動兵變篡位，禁錮父母親，自立為王；父親在地牢中自殺後，他
寢食難安，全身皮膚生瘡，這才深自懺悔，最後皈依釋迦牟尼佛，立志

為佛門護法。

　　早在阿闍世王的母親懷胎時，相命師就曾預言：「此胎兒日後一定會反叛。」嬰兒出生後，國王與王后經不起邪師慫恿，將嬰兒摔下宮階，沒想到嬰兒從高空落地，僅斷一指，並無大礙，取名為「阿闍世」（梵文），藏語發音為「瑪吉扎」，意思是「不生怨」，表示宿世曾與父親結怨，但願今生怨不再生，免除災禍；但也有人解釋為「未生怨」，還未出生就是冤家。

　　因此，「瑪吉阿米」這個詞可以說是倉央嘉措個人獨創出來的，短短四字包含了複雜又豐富的意象，三百年過去了，無數的專家學者和翻譯者，都沒辦法找到一個適當的詞句來精確傳達它的意涵，這多少也顯現出倉央嘉措身為雪域之王，卻連自己命運都無法掌握的強烈矛盾，他內心情感的衝擊，我們凡夫俗子不能夠瞭解於萬分之一。

　　在拉薩舊城區，圍繞著全民信仰中心大昭寺的外圍是著名的八廓街，沿著八廓街順時針走到東南角，左側有一棟外牆刷成黃色的二層樓小房子，一樓是布店，二樓是「瑪吉阿米 MAKYE AME」餐吧，屋頂是架高頂棚的開放空間，放眼望去，附近民家全都是白色外牆，為何單單這間是黃色外牆呢？拉薩地區只有貴族高官的住屋才能漆成黃色，因此傳說這間黃房子就是當年倉央嘉措深夜經常留連的酒店，也是他與情人「瑪吉阿米」幽會的地方。小房子二樓外牆高掛著一副藏族姑娘的畫像，書寫著中英文的瑪吉阿米字樣，姑娘下方那四行草寫體的藏文，便是倉央嘉措最著名的「在那東山頂上」這首詩。

　　這棟小房子所在位置絕佳，正對著大昭寺後側的煨桑台，若是倚在二樓窗旁往外望，可以看盡八廓街從東往南順流而過的人潮，有來自各國不同民族的遊客，磕長頭朝聖的僧侶、藏民，還有緊沿著街道兩側五花八門販賣西藏尼泊爾飾品及佛教文物的小攤位（2013 年已遷移），令人目不暇給。因此，餐廳內經常客滿，一位難求。

　　2006 年，我在拉薩大學語文班學習，聽聞這間黃房子的傳奇後，升起好奇心，有一回慕名而去，沿著狹窄的樓梯上到二樓，掀開門簾，小小空間內充滿融合時尚的藏式風情，雕花的暗紅櫃檯，造型特殊的紙燈籠透著神秘的光，樑上有彩繪的佛教人物，牆上裝飾著羊皮畫，六字真言，書架上有不少外文書，屋角還擺了電腦，音樂低迴流盪⋯⋯，座無虛席。

暮色中，瑪吉阿米餐吧在路燈照映下蒙上幾分神秘

　　我站著翻閱著名的「瑪吉阿米留言簿」，簿本裡寫滿來此用餐的遊客留下的心情故事，長期積累而成的這些冊子早已成為餐廳吸引觀光客的最大賣點，儘管每個人的故事不同，文筆高低相異，但在揮毫的那個當下，那份情感無疑都是最真實的呈現，我相信西藏像一面魔鏡，任何人來到西藏，只要用心看用心聽，就會照見深層的自己。

　　等了一會兒還是沒人結帳離席，我拿起菜單稍微瀏覽，價位對我這種不是遊客的學生而言，實在是奢侈消費，「別等了，走吧！」我告訴自己。

　　之後未再動念前往，只是在慣常轉經大昭寺時，走到東南角，會抬頭望一眼黃房子，想起倉央嘉措……。

　　一年學習結束後，我固定年年入藏，探訪藏族友人及朝聖，晨昏沿著八廓街轉大昭寺時，經過東南角，依然會習慣性地抬頭看一眼黃房子，二樓窗戶邊幾乎都有人影，有時是架著相機等候拍照的攝影師，有時是一臉情傷的年輕女孩，有時是卿卿我我的甜蜜情侶，有時是好奇神情的金髮老外……，小小的餐吧因倉央嘉措的傳奇而成為經典，瑪吉阿米美麗的傳說也給拉薩增添了一份浪漫情懷。

　　尤其是夜晚降臨後，暮色下的瑪吉阿米餐吧在路燈照映下蒙上幾分神秘，餐廳裡裡外外都是慕倉央嘉措之名而來的遊客。問世間，情是何物，直教生死相許，多少徘徊情關的男女，在倉央嘉措的詩歌中找到了一份抒懷與慰藉……。

回顧歷史脈絡

位於河西走廊的敦煌莫高窟，在吐蕃統治時期受到藏傳佛教藝術影響很大

有史以來，首度將倉央嘉措詩歌介紹給全世界的人是大陸學者于道泉教授，1930年，他根據北京雍和宮喇嘛攜帶的藏文版《倉央嘉措詩歌》譯成漢、英文，出版了《第六世達賴喇嘛倉央嘉措情歌》（*Love Songs of the Sixth Dalai Lama*），引起海內外熱烈迴響，倉央嘉措詩歌就此被視為浪漫和自由的象徵。

二十多年過去了，五〇年代，學者莊晶先生偶然發現藏文木刻版的《秘傳》，信手翻譯了一些內容，但未正式出版，直到1980年，才依據拉薩哲通廈家刊印的木刻版完整譯成漢文，隔年由民族出版社發行。一度沉寂的倉央嘉措熱再度復甦，開啓大陸史學界、文學界研究倉央嘉措情歌與身世的先河。

至於普羅大眾對倉央嘉措點燃關注的火苗，關鍵點在2002年北京中央電視臺春節聯歡晚會播出了藏族歌舞《東山升起的月亮》，這首早在藏地家喻戶曉的倉央嘉措詩歌，一時之間傳唱內地大江南北，受到民眾高度關注和喜愛，迅速地，有關倉央嘉措的網路文章和各類作品如雨後春筍湧現，光是倉央嘉措詩歌的中文譯本就有十幾種，還有英、法、日、俄語等外文譯本，他的詩歌已紅到世界詩壇。

藏文原著流傳更是廣泛，有手抄本、木刻本和民間口耳相傳方式，從藏文書名來看，只有「道歌」或「詩集」的意思，並沒有「情歌」的含義。作者與倉央嘉措同時期的《隆德喇嘛著作集》，曾提到倉央嘉措的著作除了四種法本外，還有故事集和「信札歌曲」，但並未進一步說明歌曲是「情歌」還是「道歌」。

關於倉央嘉措著作的詩歌，一般認爲有60首左右，但以印行的版本來看，從藏地早已流傳的拉薩長條木刻本收57首、于道泉教授藏漢英對照本（1930年版）收62首、青海民族出版社1980年版收74首、北京民族出版社1981年版收124首……，明顯可以看出詩歌數量有愈來愈多的趨勢，並非倉央嘉措寫的詩歌有了新發現，而是被加入許多不是倉央嘉措的作品。有趣的是，翻譯風格也由簡到繁，從白話文、五言絕句、七言絕句到現代詩，風格各異；描繪情愛的翻譯筆調也由含蓄婉約到纏綿露骨。

在這麼多琳瑯滿目讓人眼花撩亂的出版中，有專家提出若比較藏文原意與漢譯，會發現有些漢譯作者根本未研究藏族文化和歷史背景，便以己意解讀倉央嘉措，因此把他的詩作全譯成情詩。事實上，倉央嘉措

生存的年代，西藏局勢複雜，他不幸成為政治鬥爭下的犧牲品，有可能為了逃避政治鬥爭轉而從詩歌創作中去自我排遣尋求慰藉，因此有人主張他的作品是「道歌」多於「情歌」，是以情詩的形式寫政治抒情詩。

對於倉央嘉措的詩作到底是情詩？道歌？政治抒情詩？眾說紛紜，不過無論主張是什麼，普遍都同意，如果想盡可能地解讀倉央嘉措的詩，必須充分瞭解西藏歷史。

那麼，我們就先來閱讀一下那個時代的歷史背景吧！

西藏早期的吐蕃王朝曾長期統治河西走廊一帶，當時吐蕃許多高僧都曾前往河西傳法，使得這一帶深受藏族文化影響。十一世紀起，西夏統治河西走廊達二百年之久，從王室到百姓都篤信藏傳佛教，使得藏傳佛教得到迅速發展，以河西走廊為重點，向西夏腹地（今寧夏省一帶）延伸，逐漸在當地佛教中居於領導地位。

十三世紀，成吉思汗西征，威震四方，各宗教紛紛向蒙古傳教，藏傳佛教也積極投入，一方面符合了佛教利益眾生的教義，另一方面又與藏傳佛教尋求支持與擴展的利益相一致。

元朝時，許多西藏高僧都前往河西傳教，其中包括當時薩迦派最負盛名的高僧薩迦班智達，他的東行傳法意義重大，推動及奠立了藏傳佛教往外拓展的地位。

明初，格魯派興起，以青海為基地向外發展，河西一帶首當其衝深受影響。1578年，第三世達賴喇嘛索南嘉措在青海地區傳法，與土默特部領袖俺答汗在青海會面，說服了俺答汗皈依佛門，他們互贈尊號，俺答汗贈給索南嘉措尊號「聖識一切瓦齊爾達喇達賴喇嘛」，意思是「超凡入聖的智慧如大海一般的上師」。這個尊號本來只是蒙、藏領袖之間的互贈，到了1587年，明朝政府才正式承認此稱號，派使節敕封索南嘉措為「三世達賴喇嘛」（前兩世達賴喇嘛為後人追認）。

清朝執行「興黃教以安眾蒙古」的政策，大力扶持藏傳佛教，優待僧人，屢修寺院，使藏傳佛教迅速發展，許多格魯派高僧親臨河西傳法及擔任寺院住持，包括五世達賴及六世班禪都曾在河西傳法。

回頭探討元朝皇室對藏傳佛教相當推崇，信仰藏傳佛教成為蒙古的精神支柱，為何同樣是淵源於印度的佛教，蒙古人選擇了藏傳佛教而不是早已在中國盛行的漢傳佛教？專家分析，經過漢文化融合的中國佛教，適合農業文化的漢地，而蒙藏同屬游牧民族類型，就蒙古而言，游

密宗大護法神摩訶迦羅（瑪哈嘎啦）成為蒙古的武神

北京雍和宮內的大白傘蓋佛母

牧文化還是比農業文化容易接近，這是藏傳佛教為蒙古人接受並傳播迅速的一個主要原因。

在《神聖與世俗——藏傳佛教研究論集》❶一書中分析指出蒙古及元朝統治者重視藏傳佛教，不僅作為一種價值取向，而且注重現實功用，認為對治國安邦有著重要的輔助作用，主要因藏傳佛教有二個特點，密宗所具有的特色易於吸引蒙元王室成員，及藏傳佛教突出了護國佑民的內容。

密宗法門除即身成佛的修練法門外，還有眾多消災避難、除惡降魔、實現願望、增長智慧、壽命、財富等法門儀軌，一些有大成就的密宗大師都以神通著稱，在向蒙古傳教時往往也會先運用神通廣開方便道，迅速贏得敬重，再講經說法；而為了順利推展弘法大業，也會以積極的姿態，為蒙古軍政國事效力，例如忽必烈征南宋時，八思巴等就以密宗儀軌協助軍事行動，極力推崇密宗大護法神摩訶迦羅（或譯瑪哈嘎啦）成為蒙古的武神，在皇宮及大都的寺院中都供奉著該護法神，這些作為完全符合蒙古民族的尚武精神，為全民帶來新的精神力量，滿足了他們的心理需求。

元代著名譯師奉詔翻譯的幾部密宗經典，如《佛頂大白傘蓋陀羅尼經》、《佛說文殊菩薩最勝真實名義經》、《藥師琉璃王七佛本願功德經念誦儀軌》等經，也都具有護國佑民、祈禱國運長久的功用。

因此，蒙古廣大君臣民眾主要都信奉藏傳佛教，這也埋下蒙古與西藏之間林林總總糾結難解的引線，到了倉央嘉措前一世五世達賴喇嘛時期，隨著陸續出現的摩擦，火花頻頻，終於，一發不可收拾。

倉央嘉措成為政治鬥爭犧牲品的命運，也根源於此。

---

❶《神聖與世俗——藏傳佛教研究論集》係西北民族大學學者關於藏傳佛教的學術論文合集，2011 年由上海古籍出版社出版。

倉央嘉措的前世

五世達賴喇嘛誕生在今日西藏山南地區的瓊結縣

不知大家是否記得1989年諾貝爾和平獎的得主是西藏宗教領袖十四世達賴喇嘛，他在1959年因中共入藏而不得不離開西藏，流亡印度。看到「十四世」這個名號，即使是對藏傳佛教不熟悉的人，也很容易由此推知前面必定還有一世、二世……到十三世，這是西藏佛教獨有的轉世體制，每一世都是前面一世的轉世化身，每一世依據自己的意願，在圓寂後投胎轉爲另一個生命，乘願重返世間，再入人世輪迴，繼續擔任西藏佛教最高法王，度化眾生。

從第一世到第四世達賴喇嘛，只是單純的宗教法王，都非政治領袖，直到第五世達賴喇嘛，由於當時西藏局勢等種種原因，在蒙古幫助下，才由達賴喇嘛擔任政教領袖。到了乾隆16年（1751年），清朝更正式詔令七世達賴喇嘛掌管西藏地方政權，從此以轉世的達賴喇嘛爲首，實行政教合一的治理方式❶。

出生於1683年的六世達賴喇嘛倉央嘉措，是這個輪迴中的第六個轉世，他的前生世便是五世達賴洛桑嘉措。

1617年，五世達賴喇嘛誕生在西藏山南地區的青瓦達孜城堡（今瓊結縣城所在地），6歲時，在蒙古和格魯派代表的護送下，被迎請至哲蚌寺，由四世班禪主持舉行坐床大典，賜法名「洛桑嘉措」，成爲五世達賴喇嘛。

格魯派的轉世靈童爲什麼蒙古人也會來護送呢？

這要從三世達賴索南嘉措說起，當時還沒有「達賴喇嘛」這個稱號。1577年，三世索南嘉措應蒙古土默特部領袖俺答汗（成吉思汗後裔）邀請前往青海，在仰華寺會面後，向俺答汗宣揚格魯派教義，使得蒙古族放棄原有的薩滿教信仰，改信佛教，俺答汗尊稱三世爲「聖識一切瓦齊爾達喇達賴喇嘛」，從此，「達賴喇嘛」成爲西藏佛教領袖的尊號，並往前追認根敦嘉措爲達賴二世，根敦朱巴爲達賴一世。

1588年，三世達賴應邀前往北京途中逝世於內蒙古。當時由於西藏內部的鬥爭尚未結束，格魯派爲了得到蒙古的支持，護法和上師都預言轉世靈童將出現在蒙古，後來由蒙古王公和西藏格魯派的高僧共同確認俺答汗的曾孫爲轉世靈童，西藏三大寺派出代表前往迎接入藏，蒙古

---

❶ 2011年，流亡印度的十四世達賴喇嘛宣佈脫離政治權力，將統治權交給民選的內閣總理，實現政教分離，完成了西藏流亡政府的民主轉型。

也派人專程護送，法名雲丹嘉措，是歷代達賴喇嘛轉世制度中唯一的非藏族達賴喇嘛（倉央嘉措雖是門巴人，但一般均視爲屬於藏族）。

不幸，四世達賴喇嘛28歲就突然去世，傳聞是被當時掌政權的藏巴汗（貴族政權，崇信藏傳佛教噶瑪噶舉派，仇視格魯派）派人刺死。原來藏巴汗得了怪病，有人謠傳是四世達賴對他下咒造成，因此藏巴汗派人行刺，不過這都無確鑿證據。四世達賴喇嘛遺體火化後，從心、口、眼三處及頭蓋骨出現許多舍利，後來頭蓋骨和心臟被迎往蒙古信奉，舍利則裝藏建造了銀質靈塔，供奉在哲蚌寺。

也就由於四世達賴喇嘛是蒙古人的緣由，他的下一個轉世五世達賴喇嘛，蒙古人也特別尊崇。

在歷代達賴喇嘛中，五世達賴喇嘛無論是修行、學識和政績等各方面成就都最爲傑出，對格魯派的弘揚和興盛有很大貢獻，堪稱豐功偉業，後世推崇他集政治家、佛學家、醫藥學家及史學家於一身，他27歲著作《西藏王臣記》，至今已被譯爲多國文字流傳，其它著作還有《大圓滿教法史》、《文殊口授‧菩提道次第引導文》、《中觀論釋》、《現觀莊嚴論釋難》、《俱舍論疏》、《五世達賴喇嘛自傳》、《三世達賴喇嘛福海傳》、《四世達賴喇嘛功德海傳》、《良藥文集》、《詩鏡釋論》等數十多部，都非常寶貴。

五世達賴身爲格魯派教徒但是修行寧瑪派的儀軌，是人所共知的事實，他也是寧瑪派的

布達拉宮四世達賴喇嘛塑像

青朴聖地面向雅魯藏布江，自古有不少大成就者於此修行

伏藏大師，著有25部意掘伏藏法典，一般均認為他是：外修格魯派、內修寧瑪派大圓滿法。

　　寧瑪派是藏傳佛教四大教派中最古老的一派，七世紀時由蓮花生大師創立，但自從九世紀中葉朗達瑪滅佛、吐蕃王朝滅亡，佛教衰落長達四百年後，進入後弘期，各教派再度復興，但寧瑪派卻沒有恢復到前弘期的興盛，寺廟極少，更沒有一座大寺廟，那些寧瑪派的大師及修行者大都在山洞等僻靜處秘密修行。面對這種狀況，五世達賴喇嘛擔心法脈傳承會衰微，決心協助寧瑪派興盛。

　　當時寧瑪派中修行大圓滿法獲得無上成就的上師是第一世佐欽法王白瑪仁增，白瑪仁增正在桑耶寺後山的青朴聖地閉關修行，並給具緣弟子秘密傳法，各派別許多修行者包括格魯派的大格西都曾前去求授大圓滿法，人們尊稱他為「佐欽巴白瑪仁增」，意思是「大圓滿法師白瑪仁增」，白瑪仁增同時也是當時被尊稱為太陽、月亮、星星的三位寧瑪派

今日四川甘孜藏族自治州的大圓滿寺廟佐欽寺

大成就者的心子，他的美名傳到了五世達賴喇嘛耳中，於是被迎請到布達拉宮，五世達賴向他求授了大圓滿法。

當時在西藏東部地區（俗稱康區），寧瑪派無一大寺廟，歷史悠久的寧瑪派噶陀寺也趨於衰敗，白瑪仁增尊者幾次受到蓮花生大師的秘密授記，於是在五世達賴喇嘛敦請及協助下，於60歲時前往康區，在今日四川甘孜藏族自治州修建了第一座大圓滿寺廟——格吉佐欽寺。

此外，和五世達賴喇嘛關係甚密的一位寧瑪派大成就者是創建敏珠林寺（寧瑪派六大寺之一）的伏藏大師仁增‧德達林巴（《秘傳》一書中譯為日增‧戴達嶺巴），德達林巴本名局美多傑，父親是著名的密宗大師，精通顯密經論。4歲時，父親就對他講密宗大圓滿教法的基礎教言；5歲時，母親帶他去拉薩大昭寺頂禮釋迦牟尼佛，局美多傑就好像以前朝拜過一樣熟稔；11歲時，隨父親前往哲蚌寺拜見五世達賴喇嘛，由達賴剃度出家，父親和五世達賴喇嘛成為他的上師。25歲

（1676年）時，五世達賴喇嘛為他選好建寺基地，提供建寺資金，德達林巴開始建寺。31歲，敏珠林寺圓滿建成，僧人曾多達300人。

五世達賴與德達林巴兩人相差三十多歲，但之間緣起殊勝絕妙，先是德達林巴拜五世達賴為師，五世達賴給年紀比自己小許多的德達林巴剃度出家，後來又轉為五世達賴向德達林巴學法，由德達林巴傳授許多殊勝密法給五世達賴，成為五世達賴的密法教授師，兩人互為師徒，終生關係密切。

而依據《五世達賴喇嘛靈塔誌》記載，倉央嘉措從出生到24歲被罷黜之間命運的最關鍵人物第司桑結甲措，也曾拜德達林巴學習有關《醫學四續》的注釋。

格魯派自十五世紀創立以來，和西藏其它教派之間一直存在著競爭。1636年，格魯派派出使者到新疆向蒙古厄魯特蒙古求援，各部首領聚會討論，當時厄魯特外部受沙俄和喀爾喀部的壓力，內部也因爭奪牧場而頻起糾紛，各部首領也想尋求新的發展，因此，和碩特部的固始汗表示願率兵到西藏援助格魯派。固始汗本名圖魯拜呼（1582～1654），英勇善戰，曾和平解決喀爾喀部和厄魯特部之間的紛爭，被格魯派著名活佛「東科爾呼圖克圖」（東科爾寺位於青海省，呼圖克圖係蒙語「活佛」的意思）贈予「大國師」稱號，音轉為「固始」，自稱「固始汗」。

固始汗率兵南下使格魯派的命運得到大轉機，他先消滅安多地區與格魯派為敵的各部，又發兵西康鎮壓，隨後佯稱接到達賴旨意返回青海，實則突襲西藏，於1642年攻佔日喀則，推翻藏巴汗政權，建立起格魯派和蒙古和碩特部在西藏的聯合政權，格魯派從此取得了西藏宗派一枝獨秀的地位，而和碩特蒙古人則登上了藏王寶座。

1644年，清軍入關定都北京，西藏的蒙、藏領袖為了鞏固局勢，積極向清政權靠攏。1653年，五世達賴應順治皇帝之邀，率隨從三千人進京，順治皇帝沿用了俺答汗對三世達賴的尊號，正式冊封五世達賴為「西天大善自在佛所領天下釋教普通瓦赤喇怛喇達賴喇嘛」封號，頒給他刻有漢、蒙、藏、滿四種文字的金印，代表清朝正式確認達賴喇嘛的封號和在西藏的宗教領袖地位，從此，五世達賴的聲望大增。同時，清朝也冊封西藏實際的政治掌權人固始汗為「遵行文義敏慧固始汗」，確立西藏宗教和政治兩大領袖並存的局勢。這也種下了日後蒙藏之間權

布達拉宮五世達賴喇嘛銀質塑像，左為金質釋迦牟尼12歲塑像

力爭鬥的主因。

五世達賴返回西藏後，憑借清政府的支持，持續擴大格魯派寺院勢力，隨著西藏局勢的穩定和格魯派在雪域高原主導地位的鞏固，他對蒙古人總攬西藏行政權的現狀逐漸不滿，想盡辦法要減弱固始汗的權力，不過直到1654年固始汗去世之前，五世達賴喇嘛的行政權力都很有限。

隨著蒙藏統治聯盟日趨瓦解，1679年，五世達賴伺機任命自己一手栽培的桑結甲措（1653～1705）擔任第巴，第巴又稱第司，是當時西藏政府管理行政事務的最高官階。桑結甲措的叔叔是聲名顯赫的第二任第巴，因此他從小就受到良好的教育薰陶，8歲被送進布達拉宮，在五世達賴身邊長大，由五世達賴嚴格教養，廣泛學習。由史籍記載看來，五世達賴不僅想把桑結甲措培養成傑出的佛學家，還想把他培養成出色的政治家，而桑結甲措也不負所望，表現傑出，是個青年才俊。

早在1676年，第三任第巴辭職時，五世達賴就想讓桑結甲措接任第巴，聰明的桑結甲措認為時候未到，以自己24歲「年紀太輕，閱歷不夠」為由拒絕，直到三年後，時機成熟，接下第巴尊榮的職位，五世達賴為此頒佈文告，向三大寺僧眾推崇桑結甲措，這份公告並被書寫在布達拉宮正門入口處的南牆上，以金粉打上五世達賴雙手印記表示慎重，公告上還說桑結甲措「在處理政教二規事務方面，處事做事與我親自所辦相同」，傳達出五世達賴對桑結甲措的信任與授權。

桑結甲措出任第巴後，憑借五世達賴的寵信和本身出眾的才能，一面致力擺脫和碩特蒙古汗王對西藏的控制，一面設法與另一股蒙古勢力準噶爾部首領噶爾丹建立聯繫，企圖借助噶爾丹的力量脫離和碩特蒙古對西藏的控制。

1682年，五世達賴在布達拉宮圓寂，享壽65歲。桑結甲措為了穩定內憂外患的局勢，秘而不宣，對外宣稱五世達賴喇嘛閉關入定，不接見任何人，一切政務由桑結甲措代為傳達，就這樣，他總攬大權，展現治理西藏的才能，並編撰數量眾多的書籍，如醫學、星相學、佛學等，題材廣泛，展示他的博學多聞。

同時，精明的他也派人尋訪五世達賴的轉世靈童，作為退路。倉央嘉措就是在這種情況下，被認定為五世達賴轉世靈童，但直到15歲時才正式對外公布。

隱密樂土門隅

倉央嘉措誕生於門隅三窪地，也就是今日由印度控管的達旺地區

倉央嘉措大弟子阿旺多吉所撰寫的《六世達賴喇嘛倉央嘉措秘傳》（以下簡稱《秘傳》），以2010年中國藏學出版社莊晶翻譯的版本來看，全書94頁，第一章「神聖上師之誕生、剃度、坐床」只有5頁，介紹倉央嘉措的童年時，除了對他誕生之地「納拉沃域松」有所描繪外，其餘只有二行相關，一行寫「尊者誕於水豬年，是時，七日同升等等瑞兆多次出現，奇妙無比」，一行寫「約十二年多的時間內，蟄居本土」。

任何人寫傳記，童年到青少年是一個人智慧啟蒙、性格養成的重要階段，為什麼《秘傳》裡只有寥寥數語？作者在書首的引文寫著：

> 聖主上師對自己的生地、族裔等等守口如瓶。……外人每問及：「大師誕生何處？是何族裔？高壽幾何？」時，總是答道：「我自幼浪跡在外，年深日久，父母鄉土都忘懷了。」若問尊諱大名，也說：「我沒有姓名。」間或有那麼一等人，以佑情者自詡，一些似乎知情的話，尊者立即不悅，斥責道：「自己尚且不自知，你知我是誰？」

在這種情況下，也難怪作者只有二行文字描述了。

不過，我們可以從其它預言中一窺端倪。有關六世達賴喇嘛轉世的時間，在蓮花生大師的伏藏經典《神鬼遺教》❶中曾預言：「驕慢所生戰亂日，心生厭離飯教法，蓮花大師幻化身，有緣生於水界癸亥年，教主烏金嶺巴將臨世。」

癸亥年是倉央嘉措的出生年，即康熙22年（1683年），在這部經典中，不只預言倉央嘉措會成為教主，還指出他就是蓮花生大師的化身。

為什麼倉央嘉措會既是五世達賴喇嘛的轉世，又是蓮花生大師的轉世呢？藏人相信達賴喇嘛是觀世音菩薩的化身，而蓮花生大師、松贊干布以及吐蕃歷代贊普（國王）也都是觀世音菩薩的化身，蓮花生大師和

---

❶《神鬼遺教》乃蓮花生大師所埋藏的五部伏藏教法《五部遺教》中的一部，由著名伏藏師鄔堅林巴於1285年掘出，是寧瑪派教法傳承的重要組成部分。其它四部為《國王遺教》、《王妃遺教》、《高僧遺教》、《大臣遺教》。

達賴喇嘛既然同為觀世音菩薩的化身，那倉央嘉措既是五世達賴喇嘛的轉世，又是蓮花生大師的轉世，也就不足為奇了。

與五世達賴喇嘛一生關係密切的密宗大師仁增‧德達林巴，也在自己著作《霹靂岩無上甚深精義》一書裡預言：「秉持殊業者，將於香巴拉雪山西南隅，降生成為眾生主，執掌聖教護蒼生。」這是有關倉央嘉措降生地點的預言。

六世達賴喇嘛的尋訪，正是依據了這些大師的預言才得以順利完成。

德達林巴所說的香巴拉雪山西南隅，位在今日西藏山南地區的錯那縣，西與不丹、南與印度接壤，當時稱為「門隅」。

門隅是個什麼樣的地方呢？

西藏位於雪域高原，平均海拔在4000公尺以上，唯獨東南部的喜馬拉雅山區平均海拔比較低，氣候也比較溫和，遍佈峰巒疊翠的河谷地形，雨量豐沛，土壤肥沃，物產富饒。由於地處邊陲，山川阻隔，原始森林茂密，交通困難，外地人很難到達，古藏語中還以「白隅吉莫炯」（意思是隱密樂土）來形容，這個地區主要包括「門隅」及東鄰的「白瑪崗」❷，相當於今日西藏錯那縣、隆子縣和墨脫縣，這幾縣南部的大半土地目前均由印度控管❸。

只有語言沒有文字的門巴族很早就在門隅地區繁衍，七世紀起受吐蕃王朝統治，他們使用藏曆、藏幣，在文化、宗教上與藏族關係密切，普遍信仰藏傳佛教。「門巴」是藏語發音，本是藏族對他們的稱呼，意

❷白瑪崗又名貝瑪貴，有興趣者請參閱本書作者另一著作《極密聖境‧仰桑貝瑪貴》。

❸ 1913年，於印度西姆拉召開中、英、藏三方代表會議，英國印度殖民府背地威脅利誘西藏噶廈政府代表，私自簽定新的「印藏分界線」，即「麥克馬洪線」，從此，西藏的錯那、隆子、墨脫、察隅四縣南部大半及朗縣、米林兩縣少部份均劃入印度領土。

門隅地區平均海拔比雪域西藏低，氣候溫和，物產富饒

思是「住在門隅的人」，中共統治中國後，正式稱「門巴族」，成為中國 56 個民族之一。

今日有些史學家主張「門巴族的歷史幾無所聞，僅存一些民間傳說和神話故事」，但根據藏文古籍《門隅宗教源流——君民世系起源明燈》（簡稱《門隅明燈》）記載，九世紀中葉朗達瑪滅佛、吐蕃王朝滅亡後，長達四百年的分裂割據時期以及之後相當長的時期，門隅都由原吐蕃贊普（即國王）赤熱巴巾的兄弟天子藏瑪後裔統治。

《門隅明燈》寫於 1728 年，二位作者都是天子藏瑪的嫡傳後裔，出生在門隅，成長在門隅，熟悉歷代祖先之族譜、重大事蹟及相關稗官野史。因此，這是關於門隅（包括今日稱為不丹的竹隅）歷史，特別是王

統世系歷史，最可靠的一部著作。

天子藏瑪是何方人物呢？他是西藏贊普世系中第一個出家人。

《門隅明燈》書中把藏瑪流落到門隅的原因及經過，寫得非常清楚。吐蕃贊普赤松德贊之孫赤祖德贊（802～841，俗稱赤熱巴巾）在位期間無論政教都有突出貢獻，後世佛教徒把他和松贊干布、赤松德贊並稱爲「祖孫三法王」。由於赤熱巴巾積極推崇佛教、抑制苯教，加上對外頻繁用兵，造成王朝內產生尖銳矛盾，一些大臣便結合不滿現狀的贊普世族及權貴，密謀弑君滅佛。

藏瑪是赤熱巴巾的弟弟（另一說爲長兄），虔誠向佛，出家爲僧，照理說已與俗世無關，但密謀者擔心縱然殺了赤熱巴巾，由於赤熱巴巾沒有子嗣，繼位者有可能是藏瑪，一旦藏瑪繼位，那就無法達到滅佛目的了。因此，密謀者除了散佈首席大臣和贊普寵妃的緋聞外，同時重金賄賂占卜師散佈謠言「藏瑪在朝，國運凶險，應把他流放到門隅」，最後，首臣焚亡，寵妃自盡，藏瑪流放門隅，赤熱巴巾也被謀殺了，繼位者便是西藏佛教史上第一次滅佛運動的主使者朗達瑪。

藏瑪被流放後，主僕5人一路往東南走，越過竹隅（不丹）等地，抵達門隅。當時門隅只有原住民門巴人居住，人煙稀少，村落不多，藏瑪等人打聽到「拉沃域松」（今日達旺地區）是村落比較集中的地方，土壤肥沃，便在拉沃域松安頓下來，後世子孫繁衍，以吐蕃法王後裔自稱，實行王道，逐漸統治了散落在門隅各地的村落，統治觸角甚至超過今日的門隅和不丹的範圍，而他們實施政教活動的中心拉沃域松，正是門巴族和門巴文化的發祥地。

《門隅明燈》記載的就是西元九世紀中葉至十八世紀中葉，也就是從藏瑪到五世達賴喇嘛弟子第四世梅熱活佛（俗稱梅熱喇嘛）之間的門隅歷史。

佛教由此逐漸於門巴族地區傳播，十一世紀，寧瑪派著名大師白瑪嶺巴從不丹到門隅傳教，發現了「沃松」（三地）這塊隱秘之地，之後他的弟弟（一說兒子）烏金桑布也來到，建立了烏金凌寺、桑結凌寺、措吉凌寺、達旺寺等寺院。

寧瑪派「寧瑪」二字意爲舊派，是西藏古老的教派，由蓮花生大師創立，由於某些方面與門巴族原始信仰相類似，門巴族比較容易接受，因此，寧瑪派在門隅一枝獨秀。直到十五世紀格魯派誕生，十六世紀中

期形成強大教派，十七世紀，五世達賴喇嘛派弟子梅熱喇嘛到門隅弘揚格魯派，將寧瑪派首建的達旺寺改爲格魯派，予以擴建，成爲拉薩三大寺之一的哲蚌寺的子寺，也是門隅地區最大的寺院，而門隅地區以達旺寺爲中心的一帶也改稱爲達旺地區。

倉央嘉措於藏曆水豬年（康熙22年，西元1683年）出生於達旺，祖籍不丹，父母都是寧瑪派信眾。父親名叫札西丹增，《秘傳》說倉央嘉措父親是著名伏藏大師仁增貝瑪林巴的曾孫，貝瑪林巴是蓮花生大師所授記的五大伏藏師王之中的一位，也是唯一降生在不丹的伏藏師，被視爲西藏寧瑪派龍欽巴尊者的化身。

針對倉央嘉措祖籍不丹及貝瑪林巴後代這點，有人認爲是假借伏藏大師之名，目的在強化倉央嘉措是寧瑪派望族後裔，以提高他的身份地位。

不過我在一份有關貝瑪林巴傳承的現代資料中，看到記載「貝瑪林巴家族的傳統及其轉世傳承中，有無數成就者，第六世達賴喇嘛及現今不丹國王即其例」。

虔信佛教的門巴人，幾乎每戶人家都在家中裝設小型瑪尼輪，隨時轉經

另外，有一位從不丹來的仁波切，在聽到我要寫一本有關六世達賴喇嘛倉央嘉措的書後，立刻說：

「那你應該要到我故鄉去一趟！」

「爲什麼？」

「六世達賴喇嘛祖籍是不丹啊，後來才遷居門隅。」

原來不丹人也相信六世達賴喇嘛是貝瑪林巴的後裔。

至於倉央嘉措的母親名叫次旺拉姆，有人說是贊普後裔，也就是被藏王赤熱巴巾放逐的藏瑪王（詳見前文）的後代，在《秘傳》書中給予崇高讚頌，舉凡佛母所應具備的福德一應俱全。但也有人說次旺拉姆是土生土長的本地門巴人。

倉央嘉措更明確的出生地是門隅的「域松」或「沃域松」，域松意思是「三地」，沃域松的意思是「三窪地」，《秘傳》則記載他出生於「納拉沃域松」，藏語意思是「鼻山下三窪地」。

> 說到誕生之地，原來是烏仗那第二佛祖（蓮花生大師）曾經加持過的寶地，那裡遍佈密籍寶藏，與邊地坎巴頂（不丹一帶）相毗鄰，年稔穀糧十三種，林木瑞草花果數不清，名爲納拉沃域松。

這三窪地就是達旺地區的烏金凌、桑結凌和措吉凌，各建有一座寺廟，此地區的人一般信奉寧瑪派。倉央嘉措的父母就住在這三地相連的派葛村，家境貧寒，後來遷居到緊靠烏金凌寺旁邊的一座簡陋小屋，倉央嘉措就誕生在這裡，取名爲阿旺諾布。

在第巴桑結甲措著作《金穗》一書中提到，阿旺諾布剛出生時，因一時中了邪氣，臉部浮腫，眼睛難以睜開，經過占卜，說是：「一方面中了邪氣，一方面有比烏金凌護法神還要高貴的神護衛，應該命名爲阿旺嘉措，……否則孩子有夭折危險。」照辦後，果然身體就好了。

倉央嘉措到底是藏族還是門巴族，至今尚有爭論，文獻資料沒有明確記載，但在民間文學調查資料中記載倉央嘉措爲門巴人，很多研究藏學的學者們，也都提到倉央嘉措自小家境清寒，幼年喪父，隨母生活，受到舅父、姑母的歧視，母子二人相依爲命。

依照西藏傳統，前一世達賴喇嘛圓寂後，通常在第二年便會找尋轉

世靈童，當靈童被確認並舉行坐床後，便生活在布達拉宮裡，到了5、6歲時開始接受嚴謹的僧侶教育，學習「五明」（五門學科），包括聲明（語言學、訓詁學、聲律學等）、工巧明（家務、藝術、科學、農業等）、醫方明（醫學、藥學等）、因明（邏輯學）、內明（佛法修學），成年後舉行即位大典，正式成為西藏政教合一的最高領袖。

五世達賴喇嘛圓寂於1682年，倉央嘉措出生於1683年，但直到1697年才被對外公佈為六世達賴喇嘛，舉行坐床，在這15年的歲月裡，倉央嘉措是如何度過的呢？

有人認為倉央嘉措這十多年一直生活在門隅山野，如同普通少年成長，嬉戲笑鬧，隨母親勞動，並與年輕姑娘談情說愛，因此養成愛好自由、不受羈拌的個性，才會在進宮後無法適應，作出種種叛逆的行為。這種說法尚待考證，目前能參考的史料只有第巴桑結甲措著作《金穗》書中對倉央嘉措的記錄：

> 小時候就不貪戀兒童遊樂活動，而愛在紙張、樹葉上寫字、拼音，在地面上畫圖，還模仿大人作朵瑪（用糌粑捏成的供神品）供神、驅魔、吹號。哭時，用法號、神像給他看，就高興了起來。無論見到高低貴賤的人，都伸出大象鼻子般的手，賜給福力，作出給以加持的動作。無論法鼓敲得多麼響亮，法號吹得多麼高昂，都毫不畏懼，目不轉睛地看著，他的聲音宏亮，表現出了威嚴。

第巴桑結甲措隱匿五世達賴圓寂，秘而不宣15年，後來當康熙皇帝從戰爭俘虜口中得知五世達賴喇嘛早已去世的消息，盛怒責問桑結甲措時，桑結甲措堅稱隱匿五世達賴喇嘛死訊未對外公佈，是出於五世達賴喇嘛的遺囑，至於轉世靈童早已尋獲，也已暗中培養了。

倉央嘉措除了留下不朽的詩歌外，他在學經過程中也留下幾部宗教作品，如〈色拉寺大法會供茶如白蓮所讚根本及釋文〉、〈馬頭觀音供養法及成就訣〉及〈答南方藏人阿袞果所問馬頭觀音供養法〉等，這些足以證明他早已開始學習，並非臨時被桑結甲措找來充數的假達賴。由此也可以明白，在不為外人知的那十幾年中，倉央嘉措幾乎都和第巴桑結甲措派去的經教師相處，過著規律生活。

色拉湖位於達旺海拔四千多公尺的色拉山口附近

　　1685年，倉央嘉措在家鄉長到2歲的時候，第巴桑結甲措秘密派親信帶著五世達賴日常使用的佛珠等用品，依照預言，秘密尋覓轉世靈童，當親信把倉央嘉措降生時的神異現象回報，桑結甲措聽聞後，曾多次問卜，都是吉兆，立即下令封鎖消息，進一步秘密查證，等確認倉央嘉措就是轉世靈童後，指示對外以另一個活佛轉世靈童的名義，把倉央嘉措一家人迎請到沒人認識他們的地方——夏沃的錯那宗，並要求盡可能「靈活機智、保守秘密」。

　　倉央嘉措6歲（或說9歲）時，在錯那宗的巴桑寺開始接受佛學教育，第巴桑結甲措派了六名學問專精的高僧擔任經師。

　　幾乎所有描寫倉央嘉措童年的資料都說「母子二人相依為命」，未提他有兄弟姐妹，但在《秘傳》一書中卻記載他有一個姐姐，書中描寫倉央嘉措自青海湖遁走，朝聖了一段時日後，從藏東想返回拉薩，走到嘎采寺（位於今日拉薩以東墨竹工卡縣），停留修行時，在一老師傅住處看見一隻母猴，母猴見到倉央嘉措後，一會兒露出歡喜模樣，一會兒發出悲哀啼聲。倉央嘉措察其因緣，原來母猴就是他的姐姐曲珍，因為童年時曾打過倉央嘉措，死後投生為畜牲。

　　我於2013年11月親自走訪達旺時，當地民眾也說他有一個姐姐，但他和姐姐之間發生的故事與《秘傳》記載的稍有不同（詳見138頁）。

　　在巴桑寺待了幾年後，倉央嘉措又被轉移到更北方的貢巴則寺。比起沃域松，貢巴則寺一帶是比較熱鬧的城鎮，他在這裡繼續接受佛學教育，直到15歲。

　　讀到這些資料，我對倉央嘉措幼年學習成長的這二座寺廟，心生嚮往，很想親自去拜訪，但寺廟所在地錯那縣，目前對台灣人實施管制，只能上網神遊。網路資料記載貢巴則寺位在錯那縣錯那鄉的山坡上，距縣城約1公里，海拔4360公尺，始建於1420年，創寺人是門巴族活佛。至於巴桑寺則查不到任何資料，不知今日安在否？

【第三部】藏印邊境行

倉央嘉措的故鄉自古有隱密樂土之稱

今日因政治因素由印度控管，成為邊境軍事重地

我克服萬難，歷經重重關卡前往

於博物館一探倉央嘉措遺留的蛛絲馬跡

於倉央嘉措誕生的小屋緬懷詩人情懷

於荒山野地裡尋訪倉央嘉措童年足跡

倉央嘉措是達旺永不磨滅的一則傳奇

重重關卡抵達旺

過了色拉山口這道山門便進入達旺地區

西藏錯那縣的巴桑寺和貢巴則寺去不了，那無論如何，都要設法到倉央嘉措出生地達旺走一趟，親自感受他童年成長的氛圍及朝聖他遺留下來的聖跡。

2013年10月，我隨上師返回位於藏印邊境喜馬拉雅山中的寺廟，寺廟所在地貝瑪貴是一千多年前由蓮花生大師加持授記的聖地，原屬西藏，1913年，西姆拉會議後成為英國殖民政府領土，印度獨立後由印度接管。

達旺和貝瑪貴同被劃入印度東北角的阿魯納恰爾邦，由於這裡原本屬於西藏，中國泛稱為「藏南」，一心想要取回，導致邊境緊張，因此印度對這邦管制嚴格，禁止持中國護照者進入，其他外籍人士前往除了印度簽證外，還需另外申請一份保護區許可證PAP（Protected Area Permit），並規定一次必須二人以上才能申請，同時要由一名當地人陪同；印度其它邦的居民若要前往，也必須申請許可證ILP（Innerline Permit）。

11月上旬，圓滿朝聖貝瑪貴二座4000公尺神山後，離開山區，我和持英國護照的香港師姐Lu隨上師回到屬於阿薩姆邦的Dibrugarh，打算由此轉往達旺。Dibrugarh和阿魯納恰爾邦只隔著布拉馬普特拉河（雅魯藏布江流入印度後改名），我們寺廟在市區有一棟二層小樓，做為僧眾及信徒進出貝瑪貴（需乘船、搭車二天）的轉接點，平日這裡住著四位正在學英文及電腦的年輕喇嘛。

早在幾個月前，寺廟幫我們辦理10月份進入貝瑪貴的許可證時，原本希望能同時申請達旺許可證，但由於許可證有效期只有一個月，我們停留貝瑪貴就一個月了，辦證人員表示達旺和貝瑪貴同屬一邦，等我們從貝瑪貴出來直接辦延簽就行。沒想到等我們從貝瑪貴出來要辦延簽，對方卻不認帳，要求重新填寫申請資料重新跑流程辦證，準備送件時，幫我們居間聯繫的祖古說可能會被拒絕，因為聽說規定必須間隔60天才能再辦證。我睜大眼睛問：

「那規定是針對印度國家簽證啊，我知道台灣人離開印度後要間隔60天才能再次入境，但是邦沒有這個規定吧！」

祖古表示以前沒遇過我們這種狀況，他沒把握，不過四天後就知道結果了。

等候期間，我天天向蓮師向倉央嘉措祈請護佑，四天後順利拿到許

五位來自達旺的小小孩，即將成為貝瑪貴菩提昌盛寺的小喇嘛（索南喇嘛攝）

可證，辦證費每人美金50元，比在台灣辦印度簽證還貴。

　　寺廟派駐Dibrugarh的四位年輕喇嘛，一位是我已認識三年多的索南喇嘛，他擔任我上師堪布徹令的侍者已經二年了，10月初我們從這裡要轉往貝瑪貴時，他聽到我從貝瑪貴回來後要去達旺，興奮地指著另三位我不認識的喇嘛說：

　　「袞秋拉嫫，他們三個都是達旺人喔！」

　　「真的！」我也興奮地合不攏嘴，這可真巧，幾個月前才從堪布那裡獲知寺廟新加入五個達旺來的小喇嘛，因為年紀很小，還是索南喇嘛專程前往達旺將他們帶到貝瑪貴的！我10月進貝瑪貴時看到他們了，小不點天真可愛，看到生人就害羞地躲開，其中一個雙頰的「高原紅」❶特別明顯，好像塗抹了兩道腮紅；另一個很會唱達旺民歌，被大家簇擁著一首接一首唱，我聽著聽著，好像看到了小時候的倉央嘉措。

　　這三個二十出頭的喇嘛，頭型和神韻與貝瑪貴那五個小小喇嘛很類似，三人本來在南印度佛學院讀書，因為高級學程的課業日益繁重，無

---

❶高原紅是一種生長在高海拔地區的臉部特徵，由於日照長，紫外線又強，長期受照射後，會於兩頰顴骨處形成自然紅暈。

路旁門巴人村落

大多數人家都在屋前掛風馬旗，昭示藏傳佛教徒的身份

車子開出Tezpur市郊北行，遠方出現了積雪的山脈

法適應，他們只想做個單純的僧人，正好認識索南喇嘛，得知貝瑪貴的菩提昌盛寺是阿魯納恰爾邦最大的寧瑪派寺廟後，向堪布請求想到貝瑪貴出家，堪布便要他們先和索南喇嘛一起待在城裡學電腦，等學成後再到貝瑪貴寺廟教導其他喇嘛。

　　堪布飛往香港弘法，由索南喇嘛陪我和Lu前往達旺。為了節省時間，我們從Dibrugarh搭晚上七點半的大巴出發，半夜三點多抵Tezpur，這裡仍屬於阿薩姆邦，是個緊臨布拉瑪普特拉河的城市，也是軍事重鎮，在Tezpur換搭往達旺的吉普車，清晨六點半上路，開出市郊北行沒多久，就看到遠方藍天下綠色山脈層層疊疊，最後方高處還露出一座積雪的山頂，我和Lu的心情立即脫離車內的擁擠燥熱，隨著空氣一起清新了起來。

索南喇嘛是我們的嚮導兼地陪兼保鑣

　　大約65公里到達Bhalukpong，這是進入阿魯納恰爾邦的第一個軍事檢查哨，好幾個士兵手持衝鋒槍站在路旁，每輛車子都必須停下一一接受檢查。輪到我們時，索南喇嘛把我們的許可證和二本護照交給荷槍檢查的軍人，邊指著我和Lu，邊用印度話交談。軍人看了許可證後，面無表情地瞄了我和Lu一眼，揮手讓車往前開，要索南喇嘛拿著證照下車代為登記，我們二個當事人反而不用下車。

　　從Bhalukpong到途中最大的山城Bomdila距離約100公里，Bomdila城中到處可見藏傳佛教的經幡旗，索南喇嘛說這兒有一間很大的寺廟，由一位聲名遠播的仁波切主持，經常舉辦大型法會。

　　從Bomdila到達旺大約180公里，這段前後將近300公里的路途中，還陸續遇到一些小檢查哨，但檢查已不如Bhalukpong嚴格。

山路沿著河流，有時緊臨河畔，有時與河流之間有較大空地，便有零星住家或小聚落，窗外景觀和上月搭軍進貝瑪貴途中所見大同小異，從副熱帶、溫帶、寒帶景觀遞變，點綴在自然景觀中最不協調的是不時出現的軍區部隊，幾乎有大聚落的地方就有印度軍隊駐防。

　　隨著海拔逐漸上升，氣溫降低，衣服一件件添加，在要翻過此行最高點色拉山口前不遠，遇到修路管制，大家下車透氣，車外溫度低寒，高度已三千多公尺高了。我站上路旁土堆，居高臨下觀望，嚇，好龐大的一片軍區就在坡地下方，可能因為1962年達旺地區曾發生中印戰爭，凸顯這裡的戰略地位，所以駐防的軍隊如此龐大。看到這兒和貝瑪貴一樣駐軍眾多，我心中升起一絲擔憂，目前阿魯納恰爾邦歸屬印度，中國政府一直想要拿回這塊他們口中所謂的「中國藏南」，兩方糾紛不斷，邊防軍備日益加重，真擔心有朝一日爆發戰爭，那最受害的還是老百姓啊！

　　半小時後放行，連續陡上的之型盤山路後，抵達地勢險要的色拉山口（Sela Pass），我的手錶標示海拔4180公尺，有一個藏式山門，寫著Welcome to Tawang，四周五色風馬旗在黃昏山風中簌簌飄揚，過了這大門就進入達旺轄區，路旁指示牌寫著距離達旺鎮中心還有75公里。

　　過山門後山路下行，又是一個大軍區駐防，天色漸黑，印度籍司機快馬加鞭趕路，搖晃中睡意漸濃，不知不覺睡著了，直到七點抵達達旺鎮一間寧瑪派寺廟開設的旅館，音譯「崩電旅館」，因為索南喇嘛上次來時住過，和負責登記的喇嘛熟識，託他的福，我和Lu兩個「外國人」不用登記，省去許多麻煩，否則，據說凡是有外國人入住，必須拿著證照親自到鎮上向三個不同單位報備。

　　天已全黑，又逢停電，房間內凍得像冰庫，就著旅館自行發電的一盞昏黃小燈，簡單吃了一碗印度泡麵，和Lu用溼紙巾擦擦臉，便鑽進棉被。大概太累了，Lu很快入睡，發出均勻呼吸聲，我卻了無睡意，月色透過窗簾，透進些許光亮，夜還不深，四周卻已十分寂靜，偶爾才有一部車開過。。

　　終於來到達旺了，明天就要展開尋找倉央嘉措之旅，不知道傳說中的那些聖跡是否都還找得到？還是早已在歲月洪流中湮滅？這裡的父老還記得倉央嘉措嗎？還記得本地誕生過一位擅長寫詩歌的六世達賴喇嘛嗎？

達旺寺博物館

有五百多位僧人的達旺寺，佔地廣大

早上很早就醒來，用毛毯把自己緊緊包裹著做早課。lu進洗手間時，敲門聲輕響，我打開房門，是索南喇嘛，用手勢比劃著要我跟他走，口中邊說藏語：「我指給你看達旺寺！」喔，他還記得昨晚我問：「從旅館看得到達旺寺嗎？」

　　我手中仍握著念珠，披頭散髮，腳往外一跨就要跟著他走，走廊上一陣冷風吹來，打了個寒噤，轉身進房抓起羽毛外套和小相機，邊穿邊跟在他後面爬樓梯上頂樓，視野豁然開朗，可以看到整個達旺城，這時天才魚肚白，達旺寺坐西朝東，遠望過去腹地真不小，佔了一整座小山頭，從頂樓360度環視一圈，整個達旺城一清二楚。這是個標準的山城，建築全沿著坡地興建，層次分明，上下錯落有緻，綠林百花間雜，看去繽紛熱鬧，感覺是個相當富庶的城鎮，資料記載整個達旺地區約有三萬多人，看來並未灌水。

　　城裡新式和舊式建築夾雜，市中心幾乎都是水泥鋼筋樓房，市郊則仍保留傳統門巴建築型式，正屋與地面相距一公尺左右，房頂呈人字形，用蕉葉或木板覆蓋，再用石板壓住，兩層小樓，上層住人，下層飼養牲畜，門外設有曬臺，用木板、石塊或竹籬笆做牆。

　　我問索南喇嘛：「烏金凌寺在哪裡？」他搖搖頭不知道。我又問桑結凌寺和措吉凌寺的位置，他仍是搖頭。這也不能怪他，他是土生土長的貝瑪貴人，連六世達賴喇嘛的故事都還沒我清楚呢！

　　這時恰好上來一位管理旅館的僧人，索南喇嘛幫我請教他，他目光往低窪的遠方搜尋了一會，用手一指回答：

　　「烏金凌寺從這裡看不到，大約在那個方向。」

　　「那措吉凌寺在哪裡呢？看得到嗎？」我緊接著問。

達旺寺坐西朝東，每天迎接第一道陽光

「措吉凌寺？早已經不在了。」

我心裡一沉，擔心的事發生了。再問：

「那桑結凌寺呢？還在嗎？」

「桑結凌寺還在，但現在是格魯派的寺廟，就在那裡。」

啊，寧瑪派的寺廟變成格魯派？我順著他指的方向看去，挺大的（後來才知看到的大建築是格魯派新修建的大殿和佛學院，舊有的桑結凌寺小小地在一旁，遠看根本看不見）。我抓住機會再請教：

「達旺地區目前還有多少寧瑪派的寺廟？」

「只有我們仁波初的寺廟大一些，其它都是小小的。」想起在旅館登記櫃枱前看到的那張圖，幾乎全是格魯派的寺廟，以前，達旺曾是寧瑪派的天下，如今好像已經變天了。再問了一些有關六世達賴喇嘛的事，他說一些遺跡還在，還有一些文物保存在達旺寺博物館和烏金凌寺。

用過早餐，時間還很早，但我急著想看倉央嘉措的遺物，三人便早早出門，安步當車往達旺寺走去，誰知看起來很近，走起來才發現中間隔著山谷和窪地，無法走直線，必須彎來彎去繞著走，走到微微出汗，日夜溫差頗大。

抵達達旺寺，先到點燈房點燈供養，負責的老喇嘛大概很少看到我們這種東方面孔，好奇的問索南喇嘛，我和Lu是哪裡來的？一聽來自香港和台灣，很友善地對我們笑，又問名字又主動介紹點燈房內供奉的佛像及牆壁掛的老唐卡，最左方的佛塔供奉著十四世達賴喇嘛的法照以及著名的藏戲創始人湯東傑布的塑像。供奉達賴喇嘛法照想當然耳，供奉後者就讓我有點訝異了。

湯東傑布是西藏家喻戶曉的傳奇人物，我在西藏遊學時就聽過他的故事，連旅行到四川貢嘎山海螺溝冰川森林公園時，也在景點「海螺靈石」修行岩穴外的岩壁，看到湯東傑布的石刻像。他於十四世紀時出生在西藏日喀則地區，傳說活了125歲，是西藏傑出的佛學家、建築家、戲劇家、藏醫學家，先後在西藏、四川、青海等藏區廣修佛塔及建造鐵索橋上百座，一生造福無數民眾，是藏地家喻戶曉的大成就者，無數藏民禮敬供奉他的塑像，憶念他如同觀音菩薩的行誼。

我曾在藏地多次看到湯東傑布的塑像被供奉著，但都是小小地放在一側，像眼前這樣被作為主供還是首次見到，後來查閱資料才知道原來

湯東傑布的最大特色就是留著一把白鬍子。後為十四世達賴喇嘛法照

湯東傑布曾來門隅化緣，和當時統治門隅的覺沃‧塔爾傑（屬於由流落到門隅的吐蕃後裔所形成的二大王系之一）開懷喝酒，相談甚歡。湯東傑布還對塔爾傑的後裔作了預言，後來果然如同他所預言，塔爾傑喜得七子：長子接掌國政，三王子隨二世達賴喇嘛出家；七子夭折；其餘四位王子各自主掌不同王宮。三王子出家後，精研顯密經典，講修教法，成就超凡，99歲高齡圓寂後，被追認為第一世梅熱活佛，就是俗稱的「梅熱喇嘛」。

或許因為湯東傑布和門隅有過這些因緣，因此被大大供奉著。

出了點燈房，沿著斜坡往上爬，來到由十四世達賴喇嘛於1997年捐款重修的達旺寺大殿，外觀氣派非凡。自1959年流亡印度的十四世達賴喇嘛，曾先後來過達旺七次，失去國土家園人民，在異國流亡了半個世紀，來到這兒，應該有著彷彿重返故國的熟悉感吧！

大殿正中央供奉一尊比二層樓還高的鎏金釋迦牟尼佛像，據說是上世紀初從拉薩哲蚌寺運來的，可以從樓梯爬到二樓就近端詳，造型風格獨樹一幟。整個大殿雕樑畫棟，壁畫精美，還有琳琅滿目的佛像及唐卡。我還意外看到一幅忿怒像的千手千眼觀世音菩薩，以往所見千手千

上世紀初從拉薩哲蚌寺運來的鎏金釋迦牟尼佛像

眼觀世音菩薩都是慈眉善目，第一回看到忿怒像，相當特別。

　　參觀完大殿，我急著問：「六世達賴喇嘛的遺物在哪裡？」

　　索南喇嘛帶我們到對面一棟大樓，門口立了塊木牌，載明博物館於2009年11月由十四世達賴喇嘛主持開幕典禮，門票加攝影費每人40盧布，合台幣才20元，和中國統治下的西藏自治區寺廟門票比起來，真是有夠便宜。

　　博物館有二層，樓上以具有歷史意義的西藏老照片為主，我要看的倉央嘉措文物都收藏在一樓上鎖的玻璃櫃內，包括他用過的一對金剛鈴杵、穿過的法衣、鞋子、小時候遊戲用的玩具弓箭，還有倉央嘉措母親用過的白珊瑚念珠、綠松石嘎烏護身符和喝茶的碗等，每樣文物都立有小木牌以藏文和英文解說。

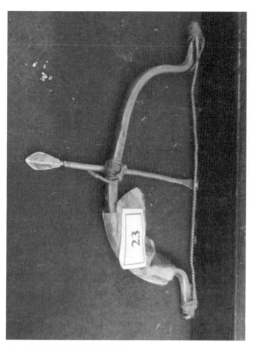

倉央嘉措童年的弓箭玩具

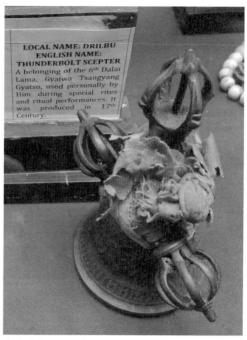

LOCAL NAME: DRILBU
ENGLISH NAME:
THUNDERBOLT SCEPTER
A belonging of the 6th Dalai
Lama, Gyalwa Tsangyang
Gyatso, used personally by
Him during special rites
and ritual performances. It
was produced in 17th
Century.

倉央嘉措用過的金剛鈴杵

LOCAL NAME: ZHAB-LHAM
ENGLISH NAME: SHOE
This pair of shoes belonged
to the 6th Dalai Lama,
Gyalwa Tsangyang Gyatso
made of coarse woolen
cloth fitted with leather
sole. It was produced in
17th Century.

倉央嘉措的鞋子

倉央嘉措母親的綠松石嘎烏護身符

倉央嘉措母親用過的白珊瑚念珠

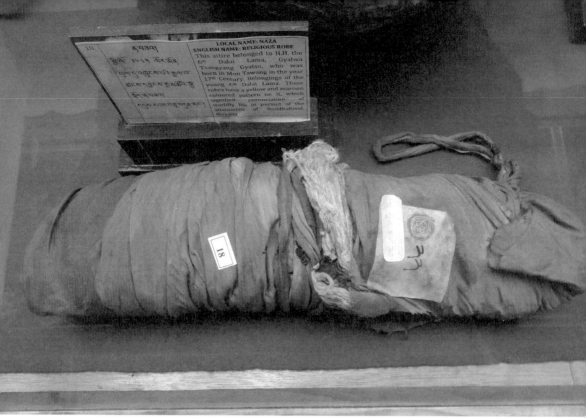

倉央嘉措的法衣

　　仔細端詳這些倉央嘉措的舊文物，那件被外布緊捲包裹的法衣，最能顯現出流淌過三百多年歲月洗禮的痕跡。外布陳舊，隱約透露出裡層的黃栗色，看著出神，彷彿聞到古老的氣息穿透玻璃散發出來，這法衣若是打開，可能當下就在空氣中煙消雲散了吧！還有那雙倉央嘉措的鞋子，破爛陳舊，腳型不大，應該是童年穿的鞋，文字說明係使用劣質羊毛、布料及皮革製成，顯見家境的貧困。

　　從博物館出來，爬上一棟面向整個山谷的二層樓房，視野極佳，從這裡聽不到達旺城裡發出的聲響，卻可以感受到山城的歡樂與熱鬧。位在大殿一側的佛學院大樓正好下課，大群喇嘛蜂擁而出，據說達旺寺有五百多位出家人。

　　索南喇嘛請教站在平台曬太陽的一位喇嘛，烏金凌寺怎麼走？喇嘛往下方山谷一指，我聽到他用藏文說走路大約一小時，索南喇嘛轉身用英文對我和Lu說：「我們走得快，都是下坡，應該半小時就會走到了。」

倉央嘉措誕生的小屋

烏金凌寺與倉央嘉措誕生的小屋（右）

左為五世達賴喇嘛，右為六世達賴喇嘛

　　三人看準方向往下走，一會走大路，一會抄小路走捷徑。這一帶住家稀疏，走了好一陣，看到一戶住家問路，才知走錯了。萬里無雲，太陽曬得人頭昏眼花，身上只穿一件薄長袖，還是熱得直冒汗，肚子也餓了，商量後決定先走回街上吃飯，再找車去，以免路況不熟，一直走冤枉路。

　　走回街上，看到好多小店賣奇異果，一大袋70盧布，折台幣才35元，買了一袋試吃，雖然很小顆，但味道還不錯，原來這裡是奇異果原產地，索南喇嘛說在Dibrugarh買就貴多了，三人決定返程多買幾袋回去請所有人吃個痛快。

　　飯後，索南喇嘛聯絡朋友旺秋開車來，陪我們去烏金凌寺和桑結凌寺，一路彎來彎去下行，果真是位在「窪地」。先抵達烏金凌寺，綠意盎然的小庭院圍著小小一間寺廟，寺中隱約傳出法器聲響，登上台階跨進寺廟，有二人在座上修法，一位穿喇嘛僧服，一位穿便服，另有一人在旁協助。

烏金凌寺兩側掛滿一到十四世達賴喇嘛唐卡

　　狹長型的寺內，空間不大，左右牆壁掛滿人物唐卡，我認出最外側
一張是目前流亡在印度的十四世達賴喇嘛，瞬間明白這是歷代達賴喇嘛
法照。我們四人在入口處對著壇城頂禮後，領誦喇嘛暫停唱誦，三人全
望著我們，眼裡寫著問號？旺秋說明我們是為朝聖六世達賴喇嘛而來，
想入內參觀，他們隨即用手加表情擺了個歡迎入內的姿勢，繼續唱誦。

　　旺秋先介紹左側唐卡是第一世到第七世達賴喇嘛，右側唐卡是第八
世到第十四世達賴喇嘛。我迫不及待地逕往左方裡側走，走到六世達賴
喇嘛唐卡位置，和唐卡上的倉央嘉措四目相視，這些唐卡畫得大同小
異，實在看不出來六世達賴喇嘛相貌有何特色，倒是他旁邊的五世達賴
喇嘛畫著八字鬍，很明顯。

　　在六世達賴喇嘛唐卡下方張貼著藏英文說明，藏文內容是：六世達

倉央嘉措的腳印及十四世達賴喇嘛的手印

賴喇嘛嘉瓦倉央嘉措，1683年出生於西藏門隅沃域松（窪地三），父親札西丹增，母親次旺拉姆；英文內容相同，但加註卒於1746年，出生地則寫阿魯納恰爾邦達旺。

　　左側唐卡再往裡，角落供奉著倉央嘉措留在大石頭上的腳印及十四世達賴喇嘛的手印，光線有點暗，我猶豫著要不要加閃光燈？通常我在寺廟裡都不打閃光燈，避免傷害古文物，也表示對諸佛菩薩的尊重。還在猶豫，卻見閃光亮起，是索南喇嘛的相機，回頭瞄一眼修法喇嘛，專注地看著法本唱誦，完全不理會我們在做什麼，於是我也加了閃光燈，不過閃光後雖然影像清晰，卻少了一絲韻味，我還是偏愛自然光，關掉閃光，調整光圈快門重拍，果然感覺就對了。

　　右邊裡側還有個小玻璃櫃，裡面供著一塊正中有個圓形凹槽的黑色石頭，旺秋已用藏文向索南喇嘛介紹過，改由索南喇嘛用英文說給我和Lu聽，原來那是倉央嘉措小時候的頭形，傳說他小時候在外面和其他小孩一起遊玩，姐姐來叫他回家，他顧著玩沒聽從，姐姐生氣地打他罵

倉央嘉措童年時的頭印

他，他被打罵後，便把自己的頭往一旁的大石頭撞去，神奇地撞出這個頭形凹槽，自己頭部卻毫髮未傷。

聽到這裡，Lu疑惑地問：

「爲什麼他要去撞石頭？」

「應該是要顯示他是轉世靈童具有特殊能力吧，讓姐姐儷服，不會再隨便打他罵他。」索南喇嘛想了一下這樣回答。

在我之前看過的所有資料中，只有《秘傳》提到倉央嘉措有姐姐，其餘都說他是獨子，父早亡，與母親二人相依爲命。達旺這個傳說雖然也證實他有姐姐，但卻和《秘傳》倉央嘉措口述的內容不太一樣，在《秘傳》裡是說他童年時和小朋友在外面玩耍，姐姐找來了，抓住他脖子上繫的班禪大師所賜的護身結，把他拽到一塊扁平的大石上，翻來撞去，一頓狠揍，因爲倉央嘉措當時是光著上身，所以前胸後背的體形全

倉央嘉措父親　　　　　　　　　倉央嘉措母親

都印到岩石上去了。姐姐看見之後懊悔不已，但是終因毆打了菩薩，後
來投胎成爲一隻母猴。倉央嘉措是在十年雲遊，停留嘎采寺修持時遇見
母猴，觀其因緣，方知是姐姐所投胎，便持續爲姐姐做佛事，累積功德
善根使其超生，要離開嘎采寺前，又特地囑咐嘎采大師：「我走後，這
猴子會因想念我而死去，牠死了之後，希望你爲牠舉行燒施（火供），
廣聚善根。」

　　不知爲什麼二則有關姐姐的故事不一樣？難道是姐姐前後打過他兩
次？

　　繞完一圈要往外走，忽然眼角瞄到左排達賴喇嘛唐卡下方，還有二
張小唐卡，被桌子和物品擋住大半。我靠近端詳，是年輕的一男一女，
正在猜測他們是誰？旺秋走到身旁對我說：

　　「這是六世達賴喇嘛的父親和母親。」

喜出望外，萬萬沒想到居然還能在這裡看到倉央嘉措父母親的圖片，雖然不會百分百相像，但至少會神似吧。《秘傳》一書形容倉央嘉措父母「種姓純正、賢能、聰慧、正直、堅毅、謙恭寡欲，精於工巧、察相、棄惡從善、明察因果之目光像天空般寬闊」，眼前畫像中的兩人，都好年輕，尤其倉央嘉措的阿媽拉（藏語母親）端莊秀麗，清純如含苞待放的少女，手上持著一條白色哈達及長壽寶瓶。

　　喇嘛持續修法，我們不敢多打擾，繞行一圈便合十低首走出寺廟。

　　旺秋說廟前台階旁有一聖跡，會不斷湧出聖水。我之前收集到的資料都沒提到聖水的記載，在這裡第一回聽到，外觀看起來很像個石磨，上面正中央開口有個蓋子，掀開用勺子舀水出來，倒在手掌中喝，相當甘甜。喝完我又舀了一些放在手中仔細觀看，有點淡淡的金黃色，問旺秋：

　　「這金黃色是天然就有的水色嗎？」

　　「水是天然湧出的，這顏色可能是加了甘露吧！」

　　這聖水的由來，據說是倉央嘉措母親經常使用這個石磨搗米、搗青稞等各種穀類，有一天她正在搗青稞時，忽然聽到石磨傳出綠度母的聲音，於是她決定不再把石磨當作工具拿去搗米，而是把它供養給綠度母，供養了一段時間後，石磨中央自然湧出聖水，無論多少人來飲用，都不會乾涸。

　　呵，都已過了三百多年了，這聖水還是一樣源源不絕，真是神奇！

　　聖水旁邊，和寺廟一牆之隔的小屋子就是六世達賴喇嘛的出生地，一直被保留著，目前充作倉庫。根據當地說法，昔日倉央嘉措和父母、姐姐一家四口就住在這裡。

　　寺廟外牆嵌了塊解說碑，以英文介紹烏金凌寺，大意是說：「鄰近還有另二座寺廟，桑結凌寺和措吉凌寺，都是寧瑪派的寺廟。1683年，六世達賴喇嘛倉央嘉措出生在這裡，父親是札西丹增，是烏金嶺巴的直系，母親次旺拉拇是王室的後代。倉央嘉措六世達賴喇嘛不可思議的事跡和奇蹟，直到今日還看得到。傳說倉央嘉措要從這裡前往拉薩時，種了三棵樹，預言當三棵樹的樹幹長得一樣高時，他就會再回到達旺，後來的確應驗了（倉央嘉措曾返回故鄉兩次）。不幸地，一棵樹幹於1959年在強風中折損，當地人都認為是不祥的象徵，果然沒多久達旺人看到達賴喇嘛來到達旺，而那就是十四世達賴喇嘛流亡到印度的途

廟前台階旁供奉著聖水聖跡

石磨會不斷湧出聖水，沁涼甘甜

中。」

這碑文內容和我之前在網路看到的資料有點出入，資料說倉央嘉措被選爲轉世靈童要離開家鄉時，在自家門前種下三棵柏樹，說：「當這三棵樹長到一樣高時，我就會回來了。」但三棵柏樹總是長得參差不齊，從沒齊高過，因此，倉央嘉措再也沒有回來過他思念的故鄉。

網路傳說顯然根基於相信倉央嘉措24歲死於青海湖畔，而《秘傳》一書中則記載倉央嘉措從青海湖遁走後，在流亡各地朝聖的十年之中，曾回過故鄉二次。

我忽然想到一個問題，便問旺秋：「現在烏金凌寺有多少位僧人啊？」

「沒有僧人。」

「那平常都關著嗎？」我大爲吃驚。

「對啊，平常都上鎖，沒法進入。今天因爲是藏曆初十蓮師薈供日才開門，他們是格魯派僧人，是十四世達賴喇嘛指示每個藏曆初十蓮師薈供及二十五空行母薈供都必須來此進行薈供法會，所以今天才會開門。你們很幸運，剛好今天來。」

我心中頓時升起無限感恩，感到不可思議的幸運，我相信這也是自己長久以來每日持誦21遍〈蓮師七句祈請文〉種下的好因緣，否則，我們事前不瞭解這裡的狀況，也沒查藏曆，怎麼可能不早不晚，恰恰好就是在蓮師薈供日的今天來到呢！

我信心泉湧，想起剛剛只供養了500盧布，眞是太慚愧了，當下不再考慮旅費夠不夠的問題，決定返回寺內再供養3000盧布。一邊默誦蓮師心咒〈嗡啊吽，班雜咕嚕貝瑪悉地吽〉，一邊脫鞋赤腳再度進入寺廟，把3000盧布放在喇嘛面前桌上，雙手合十用藏文說：「這是要供養寺廟的，札西德勒！」

走出寺廟，旺秋和索南喇嘛站在一旁大樹下喊我過去，他們指著那棵綁滿經幡布的大樹幹說：

「這就是當年倉央嘉措親手種下的大樹。」

不是種下三棵嗎？強風折損一棵，那應該還有二棵啊，這看起來很像是一棵而已，會是二棵糾纏成一棵嗎？懶得費心再去查證了，輕撫樹幹祈願，緩慢繞樹三圈，這樹長得又高又壯，頂上樹冠層濃密如寬廣華蓋，庇佑著一方空地。

倉央嘉措親手種植的大樹

　　原本正在寺廟前方照相的Lu跑過來叫我們，說寺廟中有人出來，對她比手劃腳好像是要請我們進寺廟喝茶。四人一起再進寺廟，每人被奉上一杯香濃的酥油茶，領誦喇嘛對著索南喇嘛快速說了一長串話，告一段落後，索南喇嘛轉頭問我：

　　「你剛剛又進來供養喔？」

　　我點點頭，索南喇嘛繼續說：

　　「他說今天是蓮師薈供日，你供養了很多盧布，和蓮師和寺廟都結下很好的善緣，他們祝福我們每一個人。」

　　再度走出寺廟，外面來了幾個朝聖的藏族阿佳拉（已婚中年女性），和旺秋閒聊著。阿佳拉知道我們在找六世達賴喇嘛的聖跡後，強烈建議附近還有幾處聖跡一定要去看。土生土長的旺秋居然沒去過她說

熱心的阿佳拉向旺秋說明如何前往六世達賴喇嘛童年聖跡

的那幾個地方，阿佳拉很熱心，拉著他站到高處，指給他看位在下方山谷裡的聖跡位置。我好奇地隨他們站高，她指的那方位從這兒看下去全都是樹林草叢，真的有聖跡在那裡嗎？

旺秋轉身問我：

「要不要去阿佳拉說的幾個聖跡？必須要走一段山路。」

「都是和六世達賴喇嘛相關的聖跡嗎？」

得到肯定答覆後，我說：

「那當然一定要去囉，走！」

阿旺嘉措，回家吃飯囉

阿佳拉推薦的六世達賴喇嘛童年聖跡所在

第一個聖跡位在小煨桑台旁

出了寺廟，從寺廟旁側走進樹林，小路往下繞行，右側雜木林中隱約可看到有個小水池，四周被風馬旗圍繞，旺秋說那也是六世達賴喇嘛的聖跡，等返程時再去，先去遠的。

他一馬當先在前面帶路，出了樹林是一片低矮的草叢，可清楚看到圍繞在達旺四周高聳的山峰，小路上上下下蜿蜒，越過帶刺的雜木叢，橫切崩塌的小山谷，跳過山澗的大小石頭，再穿過積水的沼澤地，中間還有幾段路跡不清楚，差點迷路。旺秋腳程快，總是三兩下就看不到身影，然後一個轉彎又看到他好整以暇坐在路旁等我們。

來到一棟小房子，中間建了一座利用流水帶動的瑪尼經輪。再往前，第一個聖跡到了，就在大樹下的小煨桑台旁，堆疊著幾塊形狀不同的大小石頭，最大的一塊石頭上寫著金色藏文的「喇嘛千諾」（上師知的意思），筆觸帶著童稚的拙氣。

旺秋介紹這是倉央嘉措小時候在外面玩耍，喜歡到處寫字，有一次正好在這塊石上寫字，聽到媽媽喊：「阿旺嘉措，回家吃飯囉！」匆匆

倉央嘉措親筆寫的「喇嘛千諾」

忙忙寫完這幾個字就跑回家了。

呵呵，倉央嘉措母親的嗓門可真大，當時他們是住在烏金凌寺旁邊的小屋，離這兒有一大段距離，居然聲音可以傳到這麼遠。我問：

「為什麼是金色的字，還塗了紅色的底呢？」

「喔，那是現在給上色的，看起來比較清楚、比較莊嚴嘛。」

再往前幾公尺，路旁有一塊大石頭，綁著白色哈達，旺秋說：

「倉央嘉措小時候和其它孩童玩耍時，經常騎在這塊大石頭上，把石頭當獅子騎。你們看，這石頭模樣很像一頭獅子吧！」

我們繞著石頭轉了一圈，三分像加上七分想像，還真的很像一頭大石獅，哈達的位置就繫在獅子的頸部。

這時，我耳中傳來小孩嬉鬧的笑聲和說話聲，被山風吹捲著在我四周縈迴，當下我有點恍惚，喃喃自語：「這是什麼聲音？」心中揣測難道是我們穿越了時空，回到倉央嘉措的童年時代嗎？那麼接著就該會看到倉央嘉措的小身影跑過來吧！才在自作多情的等待倉央嘉措現身，旺

倉央嘉措用木棒戳出來的水池，三百多年來從沒乾過

倉央嘉措騎著嬉戲的石獅

倉央嘉措種植的二棵大柏樹，枝葉茂盛

秋的聲音在一旁響起，打破了我的美夢：

「喔，那邊山坡下有一所學校，這個時間大概是學生下課了。」

回程彎進樹林中，去朝聖剛出發時隱約看到的那個小水池。水池不大，水也不清澈，外圍一圈還露出底部泥土，看起來好像逐漸乾涸中，水中有一塊形狀突兀的石塊露出，水面堆滿落葉，初見感覺有點蕭瑟混濁，直到一陣山風吹過，橫越小水池上空的五色風馬旗隨風搖擺，樹影也在水面上舞動，眼前印象這才鮮活起來。旺秋說：

「這裡本來沒有水池，傳說是倉央嘉措和同伴在這兒玩耍時，用木棒往地面一戳，瞬間從地底湧出水來，形成這個小水池，後來就被當作神水了。雖然水池很小，但三百多年來從沒乾過。」

看來我是杞人憂天了。我認真凝視著水面，很想從波光樹影和水面落葉中看出一些端倪，就像幾年前去西藏朝聖，面對那可觀前世今生的拉姆拉措神湖一樣，有一種期待。其餘三人已經往回走了，我還留連

比烏金凌寺更小的桑結凌寺

著，直到索南喇嘛從遠處呼喊我的聲音響起，我才移動腳步。

　　往上爬，坡頂就是烏金凌寺側邊空地，一抬頭，不遠處隔著山谷雄
據一方山頭的達旺寺躍入眼簾，即使隔著遠遠一段距離，仍感覺得出它
的金碧輝煌，夾帶著格魯派的巨大勢力撲面而來，轉頭再望向小小的烏
金凌寺，如此渺小，只有那二棵（咦，是二棵沒錯，剛才是自己漏看一
棵）枝椏繁盛樹葉茂密的大柏樹，翻過院牆探出頭來，在山風中悉悉窣
窣地說著三百年前的故事。

　　第二個目標是桑結凌寺，比烏金凌寺還小，四周林木掩映，大門深
鎖，改到緊臨的新寺廟參觀。這嶄新的寺廟是格魯派建的，寺廟名稱沿

用桑結凌，還附設了佛學院，我們參觀時看到不少小喇嘛。

要回旅館前，旺秋帶我們參觀印度官方設立的1962年中印戰爭紀念館，下車後，發現立在紀念館前的大佛塔，正是我們從旅館頂樓往下看時最顯眼的那一座，本來還以為是寺廟呢，沒想到是戰爭紀念館。

1959年，十四世達賴喇嘛和數千名追隨者逃難流亡，得到印度官方庇護，中印二國交惡，北京官方指責印度干涉中國內政，印度則發表前進政策，聲稱中國不應佔據西藏，在一連串邊防軍衝突後引發戰爭，中國普遍稱此為「中印邊界自衛反擊戰」。解放軍很快攻下達旺地區，印度軍方當時憑藉著蘇聯給的優良裝備及色拉山口的天險防守，誇口中國解放軍要攻下色拉山口最起碼要半年，沒想到解放軍從達旺出發後，渡過達旺河，不走常規道路，改翻大山，經過六天急行軍迅速到達印軍大後方，切斷印軍後勤補給和退路，瓦解了印軍鬥志，快速出擊，一天就攻下色拉山口了，並往阿薩姆邦平原推進，印度情急下向美國求援，美國介入後，中國宣佈停火，自動後撤，此後以麥克馬洪線為控制線，但中印二國對藏南（印度稱阿魯納恰爾邦）這塊土地的爭議從未停止過。

官方設立的1962年中印戰爭紀念館

門隅佛教寺廟一覽圖

　　館內展示了中國、印度和西藏三方邊界的立體地型圖，地名及河流標示清楚。之前我在查閱達旺地理資料時，這個地區有點像是「消失的地平線」，只有簡單的幾個地名，現在總算填補了腦中對這塊土地的空白。

　　另外還看到二張珍貴的舊照片，清楚呈現達旺的原始風貌，一張是標示「1962年達旺寺」的泛黃黑白照片，達旺寺靜靜佇立在遠處山坡，前面廣大地域只有屈指可數的幾間木造房屋，看起來像軍區隊的房屋；另一張舊照片也是1962年的達旺，稀疏的房屋，對照現今的繁榮景觀，這半個世紀以來的變化還真是驚人。

　　回到旅館，再度觀看掛在牆上的巨幅圖「門隅佛教寺廟一覽」，算了算，共有19座，向櫃枱喇嘛探詢，他說這其中只有二座是寧瑪派，其餘都是格魯派。

　　「那門隅地區現在都是信仰格魯派嗎？」

　　「喔，不是，這圖標出的是比較大的寺廟，其它有許多小寺廟都是寧瑪派，沒標出來，還有許多在家修行的瑜伽士也都是修古老寧瑪派傳承。」

今日達旺與半世紀前的昔日達旺相比，人口明顯增加

1962年的達旺寺。右立者為印度軍人。

第三眼

第三眼在心中的果桑佛塔

達旺旅遊業發達

既然好不容易來到達旺，我們另外安排了四天要前往同屬達旺地區的兩大聖地朝聖，一個是位於吉美塘（Zemithang）的果桑佛塔，另一個是位於達倉（Taktsang）的蓮花生大師修行聖地。從達旺到吉美塘只有固定班次的私人吉普車運行，至於前往更遠更靠近邊境的達倉，則連固定班次的吉普車也沒有，必須專程包車。

先往吉美塘，吉普車中午才發車，一早店舖還沒開，無法逛街，陰涼處又實在冰冷，三人只好坐在旅館前馬路旁曬太陽，東聊西扯。旅館一樓店面是家旅行社，Lu看到有職員來開了門，提議進去比較溫暖，還可順便看看有沒相關地圖資料可供參考。二位女職員都是門巴族姑娘，熱心地拿了二本不同內容的雜誌給我們參考，但聲明不能送我們，因為都只有一本。

翻看圖文並茂、印刷精美的雜誌，才知道印度旅遊業把A.P邦（阿魯納恰爾邦的簡稱）當成旅遊珍寶，以自然、原始、人文、探險、泛舟、賞鳥等詳細分類，規劃了無數條旅遊路線，連我們寺廟所在地的村子土亭村（Tuting）也被規劃成一條旅遊線，不過幸好沒包括再往深山

旅遊業針對阿魯納恰爾邦規劃了許多不同特色的旅遊路線

裡去的仰桑貝瑪貴聖地，可能是印度人不太清楚，或是因為實在太難
走，有點危險，所以沒有介紹。這樣最好，只有虔誠的佛教徒才會前
往，如此就不會受到一般遊客的破壞與污染了。

　　看到前往Tuting山路旁的河流被標註為Siang River，咦，這條河流
不就是流過寺廟一側的雅魯藏布江嗎？流進印度改稱為布拉馬普特拉
河，再看那一區被標示為Upper Siang Dist.，下方再依東西位置被劃分
成West Siang Dist.和East Siang Dist.二區，問索南喇嘛Siang是什麼意
思？他說是珞巴語「河流」的直接音譯，那一帶居民除藏人外，以珞巴
人為主，而達旺地區則是以門巴人為主。

　　時間還很多，好整以暇逛街，鎮中心建了座以瑪尼轉經輪環繞而成
的小廣場，中間有一舞台是舉辦鎮民聚會或各種表演的所在，再往前分
成New market和Old market二區，我們逛過二區後，就房屋外觀和店
內販賣商品而言，實在看不出新舊二區有何差別。索南喇嘛解釋可能只

達旺街道景觀

是形成店舖區的時間有一點點先後之別而已。

　　街道上方橫空掛滿象徵佛教協會的彩色旗幟，兩旁一間接一間密集的房子，除了銀行、旅行社及政府行政單位外，其餘約可分成三大類：旅館、餐廳和商店，旅館數量之多讓人詫異，還有不少正在興建中。昨日往達旺寺途中走過郊區，也連續看到好幾間風格特殊的旅館，建築外觀各具特色，庭園裡花團錦簇，讓人有走進歐洲阿爾卑斯山中高級度假區的錯覺；大大小小餐廳口味豐富，印式、藏式、中式，應有盡有；商店裡除了販售各式日常用品外，也販售針對外來客的旅遊紀念品。

　　昨天粗略逛一圈時，我和Lu對達旺旅遊業之發達有點難以置信，問了索南喇嘛好幾次：「這麼多旅館有人來住嗎？」「真的有那麼多遊客嗎？」「滿街都是旅遊專用吉普車，需求量有那麼多嗎？」直到在旅行社看了旅遊簡介並和職員聊天後才相信：達旺已被成功塑造為一個旅遊天堂，印度人夏季來避暑、冬季來賞雪，歐美人士則以戶外活動如泛

市中心廣場由環狀的瑪尼轉經輪圍繞而成

舟、健行、賞鳥、森林探秘及探訪原住民文化為主。這些眾多外來遊客加上到處可見、休假中的印度駐軍官兵及來此訪視探親的官兵家屬，一波接一波的消費，共同促進了達旺經濟的繁榮。

　　親眼目睹達旺現狀後，想起曾在中國網站看過一則報導：「多年來，中印實控線中方一側的基礎設施建設得很好，而印方一側則十分落後。由於感到被忽視與失落，許多當地居民開始跨越實控線，去對面尋找更加綠油油的草場。而且數量呈快速上升趨勢，這使印度政府十分擔心。」

　　當時看到那則報導，我就在心中打了個問號，如今回想不禁搖頭，這種不實的報導手段也太卑劣了。

　　中午搭上吉普車前往吉美塘，達旺海拔約3000公尺，往吉美塘的土路先沿著山坡呈之字型一路往下，落差最少5、600公尺，之後沿著山腰走，一邊是切割很深的深谷。途中在一個名叫Lumla（海拔約2300公尺）的村落休息時，索南喇嘛指著另一側那條車路對我們說：「從這

達旺是印度人夏天避暑、冬天賞雪的熱門旅遊地

市中心到處都是旅館

資料記載達旺地區人口超過三萬人

兒往西開車四小時，就會到不丹。」

約四點抵吉美塘，海拔才2200公尺，卻出乎意料和達旺一樣冷，寒氣逼人，或許是因為村落位在空曠的河谷邊，山高水闊，四周茂密森林又加深了寒氣。吉美塘的藏語發音是指「沙子很多的平坦處」，一條大河流到這裡沖積成寬平的大河谷，河流兩岸都是淺平的細沙和小石子。

從吉美塘到果桑佛塔大約3公里，索南喇嘛帶我們走捷徑步行前往，一路看到村民就地取材蓋的石屋，高大平整的牆面開著幾扇小木窗，簡單樸拙。

索南喇嘛說吉美塘是行政地名，當地人都稱這裡是「邦見」（Pangchen），算是屬於佛教的名稱。邦見的居民自古以來都修寧瑪派的法脈傳承，到現在還是。

迂迴下降，果桑佛塔海拔不到2000公尺，外觀和尼泊爾加德滿都著名的「滿願大佛塔」類似，滿願大佛塔創建於五世紀，果桑佛塔當地傳說是同時期，但也有另一說法是晚了好幾世紀，基本上都是一座立體化的曼陀羅外型，最底下有四層方形往上漸小的基座，然後是一層球形圓牆，牆上環列著許多小壁龕，再往上是立方形塔尖，上建13層石階金字塔式塔頂，象徵修行成佛的次第。在方形塔的四面牆上均繪有一雙眼簾微垂的佛眼，佛眼下方鼻子位置是類似盤香尾部拉長又似問號的符號，看資料說是尼泊爾數字的「1」，代表佛眼視眾生，一律平等，無二分別。二座佛塔最大的不同在：尼泊爾滿願大佛塔在兩眉之間有第三眼，象徵洞悉一切、無上的智慧；果桑佛塔沒看到第三眼。我問索南喇嘛：

「為什麼這座佛塔沒有畫第三個眼睛？」

「你知道藏語的佛教徒叫攘巴嗎？」看到我點

佛塔可一層一層往上登高

頭後，索南喇嘛繼續說：「攘巴就是會內省、向內看的人，所以果桑佛塔的第三眼在佛像裡面。」

第三眼在心中，好特別啊，也真有道理，佛法的最高智慧正是直指心性，好想進入參訪禮拜，可惜鎖著。索南喇嘛說除了有仁波切來，其它時間只有藏曆年才開放，因為那時候會有許多來自印度各地及尼泊爾、不丹的朝聖者，到時還會在佛塔外圍形成臨時市集區，熱鬧得很。

右手持藏香，左手持佛珠，繞轉佛塔三圈後，我赤腳往上爬，再繞轉三圈，再往上爬……，層層而上，赤腳踩在凹凸不平的地面，微刺又冰涼，卻是好真實的感覺。我也學佛像眼簾微垂，專注觀心中第三眼，持咒經行，山風流轉，藏香煙霧飄揚，佛塔四周的五色風馬旗在風中啪啦作響，時間好像靜止了……。

吉美塘（Zemithang）的藏語意思是指「沙子很多的平坦處」

　　朝聖完果桑佛塔，在一旁小雜貨店吃中餐時，巧遇索南喇嘛以前在南卓林佛學院的同學，名叫強巴，他家就在旁邊小村裡，獲知我們還在找住宿，邀我們住他家。強巴一家人都是虔誠佛教徒，父親還是個在家修行的瑜伽士。

　　果桑佛塔和小村都位於狹長的山谷內，午後不到三點，太陽就被山谷兩側高聳山峰遮住，溫度驟降。這裡供電不穩，時有時無，阿媽拉在屋裡點了油燈，個性活潑又有小孩緣的Lu和強巴5歲姪兒玩得興高采烈，強巴說等姪兒再大一點，也想送他到我們貝瑪貴寺廟當小喇嘛。

　　前幾天在達旺受邀前往索南喇嘛朋友旺秋家時，我曾請教旺秋父親，這會兒又請教了強巴父母親，他們都知道達旺是六世達賴喇嘛的故鄉，至於納拉沃域松和派嘎村，他們不僅不知道在哪裡，連聽都沒聽

吉美塘的特色石屋

過，不知是否因為歲月變遷，這些地方老早就消失了。

　　從抵達達旺至今，已經接連遇到四位曾和索南喇嘛一起在南卓林佛學院就讀的同學，Lu和我一聽到他們已還俗，不約而同都會提出一個問題：「他們為什麼還俗？」一開始索南喇嘛都簡單回答：「就不想再出家了嘛！」我們再追問下去，他會多加一兩句：「家裡經濟有困難，工作賺錢。」「父母年紀大了，回家照顧。」等到我們知道強巴妹妹曾是女尼，也還俗結婚了，兩人又問：「為什麼他們兄妹兩個都還俗了？」他反問我們：「為什麼你們兩人總是一直問為什麼？為什麼？每個人因緣不同，理由不同，佛陀也說過無常，世間沒有什麼事是永遠不會改變的。他們幾個人就是和出家無緣了，不過雖然還俗，還是以各自可行的方法繼續認真修行，那也很好啊！」

想起倉央嘉措曾針對名實不相符的僧侶寫過幾首嘲諷詩：

僅僅穿上紅黃色袈裟，假若就成喇嘛，
那湖上的金黃野鴨，豈不也能超度眾生？（莊晶譯）

向別人講幾句經文，就算三學❶佛子，
那能言會道的鸚鵡，也該能去講經佈道。（莊晶譯）

說得也有道理，如果未能依法奉行，就算一輩子維持剃光頭穿著一襲藏紅僧袍，也不代表就比在家人殊勝。《維摩詰經》中的維摩詰，不正是示現在家人身份，修得大成就！

走過吊橋，步行前往果桑佛塔。達旺之行要特別感謝Lu（右）與我同行。

---

❶三學指戒學、定學和慧學。

重返達旺

夏日的達旺，野花燦爛，山溪歡唱

伏藏大師貝瑪林巴家族代代相傳護守的小寺廟

2013年11月離開達旺後，原以為不知何年何日才能再和達旺相見，因緣卻是如此不可思議。2014年8月我的上師堪布徹令多傑（❶，以下簡稱堪布）前往達旺朝聖，我有幸隨師同行，重返達旺，並意外地得到一些和六世達賴喇嘛有關的新訊息。

　　8月的達旺，充滿夏日明媚風情，路旁野花燦爛開放，山溪高歌歡唱。抵達達旺後，首先前往蔣卓喇嘛的家，花木扶疏的庭院中一長排民眾手持卡達等待迎接堪布。蔣卓喇嘛家族是伏藏大師貝瑪林巴的後裔，他自己在寧瑪派南卓林寺出家，父親則是在家修行的瑜伽士，住家旁不遠處便是他們家族代代相傳護守的寺廟，寺內供奉的蓮師八變佛像是五、六百年前的珍貴老件。託堪布之福，我們還瞻仰到二樣鎮寺之寶，

❶堪布徹令多傑，誕生於蓮師預言授記的殊勝岩藏聖地貝瑪貴（原屬西藏，今由印度控管），乃寧瑪派貝諾法王流亡印度後復建之南卓林寺佛學院第一屆升座的五位資深堪布之一。2002年奉法王之命來台，陸續成立台北、高雄、香港、澳門、台中等弘法中心，並於台北樹林成立閉關中心；2011年於貝瑪貴興建完成「菩提昌盛寺」。

一樣是貝瑪林巴為大成就者喇嘛蔣親手製作的佛像，一樣是喇嘛蔣一位大成就弟子的頭蓋骨，上有自然顯現的阿字及月亮、星星。

我利用空檔請教蔣卓喇嘛，他證實了六世達賴喇嘛也是貝瑪林巴的後裔，來自不丹。

參觀達旺寺時，由寺方喇嘛解說，堪布再為我們幾位台灣弟子說明。當一行人走到一長排玻璃櫃前時，堪布（之前就知道我在寫一本有關六世達賴喇嘛的書）忽然提高聲音轉頭對著我說：「袞秋，這是六世達賴喇嘛母親的舍利塔。」啊，上回來時，漏看了這座安置於玻璃櫃內的小型舍利塔，如今在昏暗燈光下還是看不清楚，只在舍利塔下方有一排英文字清楚標示。

母以子貴，倉央嘉措母親次旺拉姆死後榮獲殊榮，但若單純以一位母親的心情來想像，當倉央嘉措被帶離家鄉時，望著孩子遠去的背影，從今而後，達旺與拉薩遙隔，母子相會無期，不知在那一刻，次旺拉姆會不會寧願自己的小孩只是一個普通人？

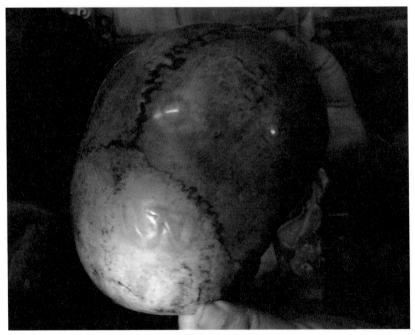

大成就者的頭蓋骨，上有自然顯現的藏文ཨ字及月亮、星星

堪布以貝瑪林巴親手製作的佛像為大家加持，後為蔣卓喇嘛（攝影者Yabic）

隔日，我們離開達旺鎮，一路往北（藏印邊界）盤山而行，海拔逐漸增高，路旁所見除了印度軍營碉堡等相關設施外，盡是一片高原荒野景觀。突然一棟被風馬旗圍繞的藏式小屋躍入視野，進入後，屋裡正中間有一座小型瑪尼堆，裡面供奉著六世達賴喇嘛腳印聖跡，蔣卓喇嘛介紹係當年六世達賴喇嘛要被迎往拉薩坐床時，隨大隊人馬北行走到此處，回首下望達旺，有感而發自己重返家鄉不知何時，因此在大石頭上留下腳印紀念。

瑪尼堆正面留有一小洞口，彎身鑽入，用手電筒照明裡側的大石頭，腳印不很清楚，幸而有人在腳跟旁放了一顆小石頭，又在腳趾旁放

六世達賴喇嘛腳印聖跡就隱身在這棟藏式小屋裡

二顆小石頭標示出六世達賴喇嘛腳印大小

湯東傑布建造的鐵索橋

了一顆略大些的石頭，用以標示出腳印大小。

　　在藏印邊界朝聖數日後，回到達旺，被引領下到海拔約1800公尺的山谷，上回我在達旺寺看到湯東傑布的塑像被尊崇的供奉著，不太明白緣由，這下終於知道了，原來湯東傑布曾經在達旺建造二座鐵索橋，一座已被大水沖毀，一座就是眼前這座，目前仍在使用。當我走上橫跨在湍急河上的鐵索橋，心中充滿對湯東傑布的敬佩，六百多年前就能發明建造鐵索橋的技術，至今堅固如昔，仍然利益著河流兩岸的民眾。

　　此回重返達旺，因堪布的關係，有許多當地寧瑪信眾陪同引路，得以圓滿朝聖了隱藏在藏印邊境的蓮師多處聖蹟及歷代數位大成就者閉關聖地。達旺地區自十一世紀佛法傳入以來便奉行修持寧瑪教法，在交通不便的偏遠山村裡，到處都是在家修行的瑜伽士，他們維持瑜伽士娶妻生子的習慣，世俗生活與佛法修行兼顧，這讓人不禁為誕生在三百多年前的倉央嘉措興起感慨，若他未被認證為五世達賴喇嘛轉世，應該也可以成為一位相當有成就的在家瑜伽士吧！

偏遠山區民眾點燃煨桑，扶老攜幼，手持哈達，夾道等候具德上師的蒞臨

感慨之外，還有感動，目睹偏遠山區民眾對佛法的尊崇，令我多次眼眶泛紅。由於達旺地區大都是寧瑪信眾，目前在南印度南卓林寺出家及佛學院就讀的達旺人就有六十多位，加上因爲地處偏遠山區，平日甚少有具德上師蒞臨，因此當他們知道有位南卓林寺的大堪布要來朝聖時，扶老攜幼，手持哈達夾道引頸盼望，展現出發自內心對上師的虔誠與恭敬心。當堪布來到，慈祥地爲他們一一加持、贈送寧瑪法王項鍊和金剛結、閒話家常關懷時，我望著那幅畫面，好似也看到了沙漠中的倉央嘉措與蒙古民眾，刹那間，在佛法智慧與慈悲的氛圍中，明白了上師普度眾生離苦得樂的悲心……。

堪布慈祥地爲民眾一一加持及贈送寧瑪法王項鍊

【第四部】平步青雲到跌落人間

倉央嘉措被隱匿在故鄉直到15歲正式坐床
童年的自由歡樂對比錯綜複雜的政治鬥爭
注定他佛心與凡情共舞的人生
24歲因「耽於酒色，不守清規」遭廢黜
執獻京城途中於青海湖畔遁去
繁華落盡，化身為十方僧雲遊四海
最終落足阿拉善，大漠弘法三十年

佛心與凡情共舞

由哲蚌寺下望拉薩城

話說倉央嘉措就在風光明媚的門隅（今達旺）以不為人知曉的轉世身份度過童年，桑結甲措瞞天過海的隱匿作為雖然也引起一些質疑的聲音流傳，但也無人拆穿，日子一天天過去，直到倉央嘉措15歲時。

1696年，康熙皇帝率軍打敗蒙古準噶爾部，從被俘虜的西藏人口中獲知五世達賴已死多年的消息，震驚大怒，致書桑結甲措嚴屬責問。桑結甲措收到信後，非常惶恐，派人帶給康熙皇帝一封密函，坦誠五世達賴喇嘛已於水狗年示寂，但堅持對外秘而不宣是遵照五世達賴喇嘛遺囑，並說明轉世靈童早已找到，而且也依傳統規矩進行供養及學經。

由於當時清廷對西藏的統治力量還很薄弱，康熙皇帝只好接受木已成舟的事實。康熙36年（1697年）藏曆9月，倉央嘉措被從門隅迎往拉薩，抵達浪卡子後，拜五世班禪為師，落髮受戒，法名「羅桑仁欽倉央嘉措」，倉央嘉措是藏語的直接音譯，意思是「音律之海」，宛如就預言了他一生的特色。

接著他被迎到布達拉宮正式坐床，不久，五世班禪也從札什倫布寺來到拉薩，講述五世達賴喇嘛的生平及巨大貢獻，鼓勵倉央嘉措效法前一世，精進學習經典，弘傳佛法，倉央嘉措就此繼續著更嚴格的佛法研習。

倉央嘉措的經師除了五世班禪外，還有好幾位高僧大師。據《秘傳》中引述倉央嘉措自己的回憶，第巴桑結甲措對他的學習要求十分嚴格，指示大師們督促他精進奮學，六世達賴喇嘛回憶說：

> 那時我正年少，講法時常常坐不住，走來走去，不合聽經的規矩。每當這種時候，我那皤髮皓首的經師總是站起來，手執經卷，跟隨在我的身後規勸道：『您聖明！勞駕！請別這樣。請坐下來好好聽。如果足下您不聽的話，第司桑結甲措就該責罵我了。』每當他這樣雙手合十，規勸我的時候，我也就乖乖地坐了下來。師傅又重新到我面前，繼續講解未完的功課……。

倉央嘉措相繼學習了眾多佛教經典，博學精通五明的第巴桑結甲措還親自講授梵文音韻知識，而卷帙浩繁的《甘珠爾》，倉央嘉措曾先後

學過三回，第一回就是由桑結甲措親自講授。

在這段學習過程裡，倉央嘉措不分教派，廣泛學習。《秘傳》說：

> 凡一切藏土所有的教派和薩迦、格魯、寧瑪等，其能熟之灌頂以及能解脫之傳授、經教、密咒等等，無論顯密，不分流派，全都加以聞習。

《秘傳》還提到倉央嘉措的詩學造詣為人所尊崇，但如何學習的詳細情況就不清楚了。一般都認為倉央嘉措的詩學造詣除了自小耳濡目染門隅民歌風格外，主要受《詩鏡》影響。《詩鏡》是一部寫於古印度的梵語文藝理論著作，十三世紀初，藏族學者將《詩鏡》以譯述方式介紹到西藏，經過數代藏族學者闡釋和再創作的歷程，成為藏族自己的重要文藝理論著作。當倉央嘉措在桑結甲措安排下開始接受佛學教育時，所學習的五明包括聲明、因明、醫方明、工巧明和內明，其中聲明的主要教材便是《詩鏡》。

《詩鏡》共有656首詩，絕大多數為七字句，全詩分三章：第一章論述著作的重要意義、懂詩學的必要性、詩的形體、語言分類和詩的和諧、顯豁、同一、典雅、柔和、易於理解、高尚、壯麗、美好、比擬等「十德」；第二章論述35種修辭方面的意義及它們的205個小類；第三章論述字音修飾、隱語修飾和詩的「十病」，即十種毛病。

五世達賴喇嘛也曾以《詩鏡》為依據完成詩學著作《詩鏡釋難‧妙音歡歌》，多才多藝的他，在書中展現了文學素養，例如他讚美妙音天女的詩：「身在潔白水生之蕊心，梵天女兒嫵媚奪人魂，彈奏多弦吉祥曲悠揚，向您致敬如意心頭春。」就普遍受到誇獎及引用。

《詩鏡》和五世達賴的《妙音歡歌》都對倉央嘉措的詩歌創作產生了很大的影響。

這時西藏正值政治動盪，內外各種矛盾及爭鬥風起雲湧之際，倉央

倉央嘉措直到15歲才被迎進布達拉宮正式坐床

　　嘉措升座後，第巴桑結甲措繼續獨攬大權，控制年輕的新達賴喇嘛，與蒙古汗之間的權力爭鬥也日趨激烈。同時，西藏內部一些僧俗權勢人物對第巴桑結甲措的獨斷專為逐漸不滿，倉央嘉措夾在中間成為鬥爭中的犧牲品，經常無端受到牽連。面對錯綜複雜、日益尖銳的爭鬥，他心生厭倦，十分失望，感到學佛也無益處，逐漸變得懶散，在對現實感到不滿之後，開始轉向遊樂。

　　第巴桑結甲措曾寫信請五世班禪規勸倉央嘉措，五世班禪照做後，接到倉央嘉措來信：「正如給您歷次來信的回覆一樣，我對繼承達賴法位不感興趣。」

1702年，倉央嘉措聽從第巴勸說，前往日喀則的札什倫布寺朝拜四世班禪靈塔，五世班禪想爲他授比丘戒❶，沒想到倉央嘉措堅決拒絕。五世班禪在《五世班禪羅桑益西自傳》中記述倉央嘉措「決然站起身來出去，從日光殿外向我三叩首，說『違背上師之命，實在感愧。』把兩句話交替說著而去。」

　　束手無策的五世班禪，呈書給倉央嘉措，懇切陳詞，但仍無效驗，倉央嘉措反而說：「若是不能交回以前所授出家戒及沙彌戒，我將面向札什倫布寺自殺。二者當中，請擇其一，清楚示知。」

　　以五世班禪爲首的眾人都請求倉央嘉措：「不要換穿俗人服裝，以近事男戒❷而授比丘戒，再轉法輪。」但終無效應。

　　結果愈來愈糟。五世班禪在自傳中表示：「這一切不要說回心轉意，連曾接受的剃度出家也難以維持。」只能把一切情況向第巴匯報，最後，倉央嘉措在日喀則住了17天便回到拉薩。

　　從那以後，也就是倉央嘉措大約20歲時，開始出現種種離經叛道的言行，改穿綢緞便裝，手戴戒指，頭蓄長髮，成天在布達拉宮後花園龍王潭射箭、飲酒、歌舞遊宴、恣意嬉戲，還出宮尋歡作樂。

　　關於倉央嘉措這些我行我素的荒唐行徑，同時期享有盛譽的隆多喇嘛在著作中也有記載，他說年幼時曾向六世達賴獻供，「聖尊身穿一件淺藍絞子薄藏袍，頭髮垂至耳下，手指滿戴飾品，左右隨從穿著不倫不類。」

　　同時期西藏政局也發生了變動，之前固始汗的兒子達顏汗和達賴汗先後統治西藏四十多年，二人都不太關心政治，而自1701年後，固始汗曾孫拉藏汗繼承汗位，對政治和權力的追求之心強烈，他不甘願像父輩那樣做個無實權的傀儡，開始和第巴桑結甲措明爭暗鬥，二人關係日益尖銳。終於，桑結甲措首先下手，秘密買通拉藏汗府中內侍，在拉藏汗食物中下毒，但被拉藏汗發覺。1705年，雙方爆發戰爭，藏軍大敗，桑結甲措被拉藏汗捕獲斬首。

---

❶比丘戒可比擬成僧侶的成年禮，幼年出家只受沙彌戒，共有10條；滿二十歲成年才能受
　比丘戒，正式取得僧侶資格，比丘戒共有250條。
❷信仰三寶的在家男女居士，所受戒律基本只有5條，稱爲「五戒」，受五戒後就稱爲近事
　男和近事女。

倉央嘉措昔日於布達拉宮後花園龍王潭遊樂，該地今日已成為人民公園

　　在官方史書《清聖祖實錄》中有簡略記述：「先是，達賴喇嘛身故，第巴匿其事，……又立假達賴喇嘛，以惑眾人。且曾毒拉藏，因其未死，後復逐之。是以拉藏蓄恨興兵，執第巴而殺之。」

　　拉藏汗殺死第巴後，向清廷陳奏桑結甲措「謀反」的經過，並聲稱桑結甲措所擁立的倉央嘉措是假達賴，行為放蕩，不守清規，請予廢黜。康熙皇帝考慮西藏局勢後，站在拉藏汗這一邊，准奏，封拉藏汗為「翊教恭順汗」，默許拉藏汗宣布廢黜六世達賴喇嘛倉央嘉措。

　　拉藏汗企圖集政教大權於一身，另立自己一手培養的阿旺益西嘉措為五世達賴喇嘛的轉世靈童，重新在布達拉宮舉辦坐床，這個新的六世達賴喇嘛在位十一年，但一直受到西藏僧俗民眾的抵制，始終未予承認，而蒙古汗王與西藏上層貴族的矛盾也持續糾結。

　　十一年後，蒙古各部首領間產生不和，應藏族人要求，其中一位首領策旺那布坦來到西藏，處死了拉藏汗，充當傀儡的益西嘉措被拉下

台，最後命運是作爲一名普通僧人於藥王山寺廟度過餘生。

我們再回頭看倉央嘉措，就在他坐床後的第九年，1706年，因「耽於酒色，不守清規」，被視爲假達賴喇嘛，遭到廢立，並被解送北京。

之前因倉央嘉措的個性獨樹一幟，與前面幾位達賴喇嘛大相逕庭，加上他又是偉大的五世達賴喇嘛的轉世，二人經常被拿來作比較，鮮明的天差地別，免不了有些人會對倉央嘉措達賴喇嘛身份的眞假存疑。

但當倉央嘉措於1706年即將要被「執獻京師」時，卻引起極大震撼，人山人海的民眾圍住他，含淚爲他送行。當起解的蒙古士兵押著倉央嘉措經過哲蚌寺所在的山腳時，突然衝出一隊武裝喇嘛，把倉央嘉措搶回寺中。

格魯派在拉薩地區建有著名的三大寺 —— 哲蚌寺、色拉寺和甘丹寺。依照五世達賴喇嘛的制定，哲蚌寺有7700名僧人，色拉寺有5500名僧人，甘丹寺有3300名僧人，冒死搶救倉央嘉措的哲蚌寺爲三大寺之首，其僧侶向來是三大寺的領航者，自古至今，每遇到政教風暴，經常帶頭出線，勇於表達立場。

2006年我在拉薩遊學期間，也遇到幾次哲蚌寺僧侶集體靜坐抗議的事件。通常若聽到官方對外宣佈「哲蚌寺僧侶打架鬧事，暫時關閉，爲了民眾安全，請勿前往」，藏民之間就會口耳相傳「哲蚌寺出事了」，心知肚明僧侶又在靜坐抗議宗教信仰所受到的種種箝制。

倉央嘉措被搶回哲蚌寺後，拉藏汗立即調集大批兵馬包圍哲蚌寺，寺僧也準備武力對抗，眼看即將發生流血衝突，倉央嘉措頓生不忍之心，說：「生死於我已無所謂。」自行步出寺廟，毅然下山，走進蒙古軍隊之中。

儘管倉央嘉措有許多風流韻事流傳，有許多背道而馳的行徑，但對大多數藏人而言，六世達賴喇嘛就是六世達賴喇嘛，倉央嘉措就是觀音菩薩的化身，絲毫不虛假，他們不會動搖對六世達賴喇嘛倉央嘉措的神聖信念，就連格魯派拉薩三大寺的長老們，也沒有一人認爲倉央嘉措是假的，至多說他是「迷失的菩提」。

但儘管不捨，成千上萬的僧侶與藏民，最終也只能含淚目送著他們心目中的眞達賴倉央嘉措被執押離開拉薩，一步一步向著京城方向而去！

倉央嘉措有幾個情人？

最下方四行草寫體藏文，便是倉央嘉措最著名的詩歌「在那東山頂上」

一箭射中鵠的，箭頭鑽進地裡。

遇到了我的戀人，魂兒已跟她飛去。（莊晶譯）

倉央嘉措的故事之所以會一直被後人所津津樂道，有很大因素是和他那些被視為情歌的詩歌有關，在為數不少的詩歌中都有明顯的女性身影和情愛意象。不過有人提出反證，認為比較可靠的記載是他在2歲就被選定為五世達賴轉世靈童，6歲（或說9歲）開始接受佛學教育，一直在格魯派高僧經師的教導下成長，直到15歲升座，那麼：「倉央嘉措怎麼可能會有機會結交女友呢？」

但即使沒有明確證據證明他有過情人，在稗官野史中還是繪聲繪影記載他結交過好幾個情人。

傳說倉央嘉措的第一個情人是他的青梅竹馬，一位名叫桑吉卓瑪、從康區理塘遷居門隅的美麗姑娘，他們從小一起在門隅長大，卓瑪善良純潔，擅長歌舞，兩人如影相隨，結伴耕作放牧，空暇時倉央嘉措就吟誦門隅的民間詩謠，卓瑪唱和故鄉理塘的草原牧歌。不幸，兩小無猜的快樂時光終結於倉央嘉措被前來迎接轉世靈童的隊伍給帶走，從此天涯遠隔，再無相見機會。

這個情人的傳說主要來自倉央嘉措的幾首詩歌：

我同情人幽會，
在南谷的密林深處。
沒有一人知情，
除了巧嘴的鸚鵡。
拜託善言的鸚鵡，
可別在外面洩漏。（莊晶譯）

無論這首詩是在拉薩寫的還是在門隅寫的，充分說明了倉央嘉措在家鄉門隅時就已有戀人。此外，還有幾首詩歌明顯是在他離開門隅後寫的。

風啊，從哪裡吹來？
風啊，從家鄉吹來！

理塘以廣袤的草原得名

我幼年相愛的情侶啊，
風兒把她帶來。（莊晶譯）

翠綠的布穀鳥兒，
何時要去門隅？
我要給美麗的姑娘，
寄過去三次訊息。（莊晶譯）

　　桑吉卓瑪的故鄉理塘在哪裡呢？我在拉薩學藏語文的第一個學期，
放寒假時，特地走川藏公路離藏，曾路經理塘，因為那時老師已教過
倉央嘉措那首預言轉世在理塘的民謠，而且我剛讀完《倉央嘉措秘傳》

一書，對理塘備感親切。理塘海拔四千多公尺，是世界上海拔最高的縣城，藏語的意思是「平坦如銅鏡似的草原」，以廣袤的草原得名。這裡不僅是七世達賴、十世達賴的故鄉，也是第七、八、九世帕巴拉呼圖克圖及蒙古國師三世哲布尊丹巴呼圖克圖❶的出生地，稱得上是一個地靈人傑的聖地！

有關倉央嘉措第一個情人，另一個傳說是「瑪吉阿米」，因為在他詩歌集中的第一首就出現了這名字，這首詩風靡全中國，有各式各樣的翻譯：

在那東山頂上，升起了皎潔的月亮。
嬌娘的面容，浮現在我的心上。（莊晶譯）

心頭影事幻重重，化作佳人絕代容。
恰似東山山上月，輕輕走出最高峰。（曾緘譯）

東方高山頂上，升起皎潔月亮。
瑪吉阿米面容，迴旋在我心上。（陳慶英，張子凌譯）

無論是譯成「嬌娘」或「佳人」或「未生娘」或其它名稱，藏文直接發音就是「瑪吉阿米」，因為這個詞在所有的藏文辭典中都找不到，而且在一般口語裡也無此用法，因此有人斷定這應該是倉央嘉措初戀情人的名字；同樣地，他們之間的故事也在倉央嘉措進宮後，畫上了終止符。

瑪吉阿米的傳說，由於拉薩八廓街名聞遐邇的「瑪吉阿米餐吧」之推波助瀾，成為最受喜愛倉央嘉措情歌的現代人所接受的傳說。

第二個情人，出現在倉央嘉措少年時期，當他被從巴桑寺轉往錯那宗的貢巴則寺學習時，在錯那宗熱鬧的市鎮上，結識了一位來自瓊結的少女仁增旺姆，他們的戀情一樣結束於倉央嘉措被前來迎接轉世靈童的隊伍給帶走的那一刻。

---

❶呼圖克圖為蒙語音譯，和藏語「祖古」（化身）的意思相同，乃清朝授予蒙、藏地區上層大活佛的封號，在西藏地區的地位僅低於達賴和班禪。

拉薩熙攘的人群中間，瓊結人的模樣兒最甜。
中我心意的情侶，就在瓊結人的裡面。（莊晶譯）

東山的峰頭，有層層的白雲蒸騰九霄。
莫不是親愛的仁增旺姆，又為我燒起神香吧！（劉家駒譯）

第三個情人，當倉央嘉措被迎往布達拉宮升座後，經過一段時日，面對戒律嚴謹的生活、繁重的經論學習、政治的明爭暗鬥等，讓他逐漸厭煩，對現實不滿，開始懷念家鄉的田園風光，也懷念自由不受羈拌的生活。他認為學經已無多大用處，開始遊戲人間，夜晚化身為名叫宕桑汪波的貴族公子，風流倜儻，流連於拉薩街頭巷尾的酒店，很快結交一位女子，名達娃卓瑪。達娃卓瑪的家鄉和仁增旺姆一樣也是來自瓊結，所以上述一詩也被視為是倉央嘉措描寫達娃卓瑪。

同樣一首詩，還有不同的七言絕句譯作。

拉薩遊女漫如雲，瓊結佳人獨秀群。
我向此中求伴侶，最先屬意便為君。（曾緘譯）

少年浪跡愛章台，性命唯堪寄酒杯，
傳語當壚諸女伴，卿如不死定常來。（曾緘譯）

一般都認為這二首詩裡所說的「瓊結佳人」和「當壚女」指的都是達娃卓瑪。

無論詩作裡的對象指的是誰，在倉央嘉措夜晚流連酒店遊戲人間的這段日子裡，他曾寫了好幾首詩，毫無隱瞞地交待了自己的作為。

與愛人邂逅相見，是酒家媽媽牽的線。
若有了冤孽情債，可得你來負擔。（莊晶譯）

有腮鬍的老黃狗，心比人都伶俐。
不要告訴人我薄暮出去，不要告訴人我破曉回來。（于道泉譯）

入夜去會情人，破曉時大雪紛飛。
足跡已印到雪上，保密還有什麼用處？（莊晶譯）

住在布達拉時，是日增倉央嘉措。
在拉薩下面住時，是浪子宕桑汪波。（于道泉譯）

人們說我的話，我心中承認是對的。
我少年瑣碎的腳步，曾到女店東家裡去過。（于道泉譯）

　　針對倉央嘉措夜晚溜出布達拉宮在酒店尋歡作樂這個傳說，有人認爲不可能，因爲他是最高宗教領袖，身邊隨時有侍從陪伴，布達拉宮正門有守衛看守，晚上上鎖，他怎麼可能在薄暮時偷跑出去直到破曉時再回宮裡呢？

　　據說他在布達拉宮另開了一個小側門，鑰匙自己保管，天黑後便戴上假髮，換穿貴族公子衣服，從側門出去，徹夜在城裡各處尋歡作樂，隔日破曉前再返回寢宮，換好裝扮，躺回床上睡覺，如此秘密行徑持續好一陣，都未被發現，直到有一天破曉前下了一場雪，他回寢宮時足印留在雪上，宮中守衛發現足印通到達賴喇嘛寢宮，以爲是有小偷進入寢宮，大驚之下，一路追查，又稟報第司，倉央嘉措的秘密這才被識破。

　　故事的結局是達娃卓瑪被父母帶回家鄉嫁人，拆散了這對有情人。

愛我的愛人兒，被別人娶去了。
心中積思成癆，身上的肉都消瘦了。（于道泉譯）

　　在不同的傳說中都提到倉央嘉措的情人來自瓊結，瓊結是西藏山南地區的一個縣，我曾經去過一次，當時是爲了參觀藏王墓、青瓦達孜宮古遺址及日烏德欽寺。

　　青瓦達孜宮是早期吐蕃贊普（即國王）的宮殿群，位在瓊結河畔地勢陡峭、山石嶙峋的青瓦達孜山崖上，建於第九代贊普，此後的五代贊普也分別在此建宮，形成宮堡群落，一般以青瓦達孜宮統稱，目前只餘宮殿遺址及連接幾座古堡之間的殘存古城，而日烏德欽寺就建在靠近青瓦達孜宮西南面的山坡上。

左側半山坡即日烏德欽寺，右側為青瓦達孜宮遺址

　　一進入瓊結縣城，便可以看到「歡迎來到達娃卓瑪的故鄉」、「歡迎來到五世達賴喇嘛的故鄉」等宣傳標語。當地傳說，達娃卓瑪回到故鄉，結婚生子，但心中仍然無法忘懷倉央嘉措。

　　之後，六世達賴喇嘛的轉世靈童格桑嘉措在理塘找到。格桑嘉措雖然出生在理塘，父親羅桑達吉卻是從小就在瓊結日烏德欽寺出家，因為和寺廟頭人發生嚴重衝突，逃離瓊結，跑到拉薩在一貴族家中當傭人，有一天他被派往理塘辦事，救了一個不小心落水的年輕姑娘，對方家人感謝之餘將姑娘許配給他，羅桑達吉於是在理塘定居下來，生的第一個小孩就是後來成為七世達賴的格桑嘉措。

　　羅桑達吉一夕之間變成佛父，擁有了名利地位，於是衣錦榮歸瓊結，在日烏德欽寺新修一座佛殿，供奉一尊強巴佛（彌勒佛）的鎏金銅

由日烏德欽寺下望，此村落即傳說中倉央嘉措情人達娃卓瑪的老家「雪村」

像。這時候，達娃卓瑪雖然已經年老了，但因為年輕時和六世達賴喇嘛的關係，很受當地民眾愛戴，羅桑達吉便邀請她參加開光儀式。開光那天，達娃卓瑪將一條自己精心編織的七彩邦典❷作為供養物獻給佛像，七彩邦典便被當作聖物裝藏在佛像裡。

到了文化大革命時，紅衛兵衝進日烏德欽寺，搗毀佛殿，推倒所有佛像，其中一人從強巴佛肚裡，將達娃卓瑪供奉的那條顏色依然鮮豔的邦典偷帶回家，送給太太，不料他太太一圍上便頭昏腦脹，趕緊解下，換人試圍，也是同樣狀況，最後再也沒人敢穿戴。

---

❷邦典類似圍裙，是西藏已婚女性的象徵。

邦典類似圍裙，代表已婚

　　民間有關倉央嘉措情人的傳說有著各種版本，在有些版本裡，達娃卓瑪和仁增旺姆的名字幾乎在同一時間出現，甚至有些版本，瑪吉阿米也和她們一起出現，那麼，到底是倉央嘉措真的有過三位情人呢？還是這三位情人是同一個人呢？真相究竟如何，今日已無從知曉。

　　除了從倉央嘉措留下來的這些詩歌，我們無法從其它歷史記載中找到有關瑪吉阿米或達娃卓瑪或仁增旺姆的蛛絲馬跡資料，她們是真的曾和倉央嘉措有過美麗的交會？還是倉央嘉措創造出來的隱喻影像？

　　而這些描寫男女情愛和寫給特定情人的詩歌，有些是被確認為倉央嘉措所作，那麼到底他在這些詩歌中所要表達的是什麼呢？有人把這些描寫情愛的詩歌詮釋為全是和密宗修行有關的道歌，他們的依據是詩歌集的藏文原文標題是「倉央嘉措古魯」，藏語「古魯」是「道歌」的意思，1981年出版《倉央嘉措情詩與秘傳》時，因為文化大革命剛結束，只要是涉及宗教的圖書都會被禁止，只好將標題從「道歌」改為「情詩」，之後這美麗的錯誤蔓延，大家都以情歌稱之。

　　我個人認為，倉央嘉措寫了道歌，也寫了情歌，這二項看似互相衝突的神聖與凡俗行為，同時存在並非不可能。

　　男女之間的情愛是很多修行者最難度過的關卡，西藏人視為第二佛的蓮花生大師在被問到「修持道時，最大的障礙是什麼？」時，也曾這

樣回答：

「最初入道的階段，任何會讓你的心落入偏歧的情況都是障礙。對男性而言，女性是最大的魔障；對女性而言，男性是最大的魔障。」

倉央嘉措在少年時期雖然曾在巴桑寺和貢巴則寺讀書學經，但並未正式落髮受戒（直到15歲被迎往布達拉宮才從五世班禪受戒），當時門隅地區以傳統舊派寧瑪派信仰為主流，寧瑪派有許多在家修行的瑜伽士，可以結婚生子，僧侶娶妻也並不會被視為違背戒律 ❸，這些成長背景加上他住進布達拉宮後，身處詭譎多變的政治鬥爭夾縫中，「政治傀儡」的角色讓他身心俱疲，生起「學習也無益處」的心灰意冷，在那個當下，鬱悶的身心迫切需要轉移，另找出口，因此，曾迷戀於男女情愛之中，奢望從世俗的情愛之中獲取慰藉，也就不足為奇了。

而從他的一些詩歌中也可以看到他在神聖修道與世俗情愛之間的掙扎。

> 曾慮多情損梵行，入山又恐別傾城。
> 世間安得雙全法，不負如來不負卿。（曾緘譯）

> 觀想上師的尊面，怎麼也沒能出現。
> 沒想那情人的臉蛋兒，卻栩栩地在心中浮現。（莊晶譯）

> 靜時修止動修觀，歷歷情人掛眼前。
> 肯把此心移學道，即生成佛有何難。（曾緘譯）

也正是由於六世達賴喇嘛有著與其他世達賴喇嘛迥異的童年和少年生活，才使他發展出一份特殊的真情，特殊的行徑，這應該也是他成為一代詩人的重要關鍵吧！

---

❸現代寧瑪派戒律趨嚴，寧瑪六大寺傳承的正式僧侶均禁止娶妻。六大寺包括位於西藏自治區的敏珠林寺、多吉扎寺，以及位於四川甘孜藏族自治州的白玉寺、佐欽寺、噶陀寺、雪謙寺。

青海湖畔之謎

青海湖因倉央嘉措的生死之謎而增添了幾分神秘

依官方資料記載，倉央嘉措於1706年11月15日被押解往京城途中死於青海湖附近公噶瑙爾。

早在第巴和拉藏汗之間的紛爭漸明之際，拉藏汗就寄信給康熙，對倉央嘉措是否爲眞達賴表示懷疑，康熙便派了一位精於相術的人進藏，該人抵布達拉宮後，請倉央嘉措赤身坐在座位上，他從前後左右各方面仔細觀相，然後也不敢斷言是不是五世的轉世，只指出倉央嘉措完全具備聖者的體徵。

等到第巴和拉藏汗之間紛爭愈趨嚴重時，康熙皇帝又派遣恰納喇嘛與安達卡入藏處理糾紛，但欽差還未抵達，拉藏汗就已殺了第巴，等到二人抵達拉薩，拉藏汗巧言令色，搬弄六世達賴喇嘛是非，欽差很爲難，最後決定將倉央嘉措請往內地，由皇上定奪，同時遣人快馬先回京城報告康熙皇帝。

「執獻京城」的隊伍，在哲蚌寺事件告一段落後，繼續上路，經北路迤邐而行，走到多給錯納湖畔，收到皇帝聖旨，斥欽使辦事不周：「爾等將此教主大駕迎來，將於何處駐錫？如何供養？實乃無用之輩。」顯然皇帝也不願接下這一燙手山芋。

《秘傳》作者在書中轉述六世達賴喇嘛的話：

> 聖旨一下，眾人惶恐，但有性命之虞，更無萬全之策，懇求道：「爲今之計，唯望足下示狀仙逝，或者僞做出奔，不見蹤跡。若非如此，我等性命休矣！」異口同聲，哀懇再三。
>
> 我道：「你們當初與拉藏王是如何策劃的？照這樣，我不達妙音皇帝的宮門金檻，不覲聖容，決不回返！」此言一出，那些人悚懼不安。隨後就聽到消息說是他們陰謀加害於我。於是我又說道：「雖則如此，我實在毫不坑害你們，貪求私利之心。不如我一死了之。但這也得容我先察察緣起如何再說。」如此一講，他們皆大歡喜。……繼續前進，到了一處，名叫更朶瑙爾。在帳篷門口和外圍的布幔之間，有一個蒙古老漢在探頭探腦地窺望。我讓人把他叫了進來，令人翻譯，問他：「這是什麼地方？你叫什麼名字？」答道：「此處名叫更朶瑙爾。小老兒我名叫阿爾巴朗。」
>
> 聞聽此言，我思忖道：「這名字在蒙古語中是獅子的意

班丹拉姆是大昭寺和拉薩城的護法神

　　思。這裡有著共喜、財富及無畏的緣起。我就滿足他們的心
願，施展一下神通法術便了！」又向三寶祝禱，結果徵兆也都
吉祥。尤其以吉祥天女的授記更為明顯。

　　在藏語裡，更尕瑠爾可以拆成兩個字，「更尕」是共喜的意思，
「瑠爾」是財富的意思，而獅子在藏人眼中代表勇敢無畏，三者都具有
正面良善的意象，因此，倉央嘉措才會說這裡具備了三個緣起。

至於吉祥天女，西藏人慣稱「班丹拉姆」，是藏傳佛教最主要的護法神，每年藏曆10月15日傳統節日「吉祥天女節」的主角便是班丹拉姆。西元七世紀，藏王松贊干布修建大昭寺，迎請印度女神吉祥天女坐鎮三樓護法神殿，成為大昭寺和拉薩城的護法神，神像外表凶狠醜陋，但藏族人都相信班丹拉姆外表猙獰是為了保護寺廟和眾生，其實內心和善。

依照這些授記，倉央嘉措在當天夜晚初更時分啟程，除了內侍及欽使外，其他人完全矇在鼓裡。當時他隨身攜帶的物品只有大如雞卵的護身寶貝舍利母、紫檀念珠、一個鐫有標記的圖章和敏珠林寺大師德達林巴所賜的古降魔橛。

轉身離開，不是無情逃避，而是為了更多的眾生福祉，從此，倉央嘉措便開始了雲遊十方的苦行生涯達十年之久。他不能公開自己的身份，即使日後在阿拉善弘法，受到僧俗大眾的敬愛，依然使用假名。假如不是阿旺多吉在他圓寂後撰寫了《秘傳》，倉央嘉措這個祕密會一直保留下去。

正史《聖祖實錄》記載：「康熙45年，……拉藏汗送來假達賴喇嘛，行至西寧口外病故，時年25歲。」《清史稿》中也記載：「拉藏汗……奏廢桑結所立達賴，詔送京師，行至青海道死。」

儘管官方記載倉央嘉措病故於青海，但民間卻盛傳倉央嘉措並未死在青海湖，而是「遁去」。比較可靠的著作就是我們前面提到的《秘傳》，作者阿旺倫珠達吉（即阿旺多吉）是內蒙阿拉善旗人，書稿完成於1757年，記敘倉央嘉措在去北京途中，行至更尕瑙爾，於夜間向東南方向遁走，遊走康區、西藏地區及尼泊爾、印度等地朝聖及修行約十年時間，返回西藏，續前往阿拉善弘法，最後圓寂於內蒙古阿拉善騰格里沙漠中。

還有，法尊法師❶《西藏民族政教史》也有一段記載：「行至青海地界時，皇上降旨責欽使辦理不善，欽使進退維艱之時，大師乃捨棄名位，決然遁去，周遊印度、尼泊爾、康、藏、甘、青、蒙古等處，弘法利生，事業無邊。爾時欽差只好呈報圓寂，一場公案乃告結束。」

---

❶法尊法師（1902～1980年），現代著名高僧、佛學家、卓越的翻譯家，貢獻一生翻譯大量西藏佛教典籍，撰寫了不少論著，為藏學研究提供了完整資料。

1984年出版的《西藏民族學院學報》，內有一篇「對倉央嘉措的點滴見解」，也談到在蒙文《哲卜尊丹巴傳》中記載倉央嘉措行至青海，並沒有死，而是被蒙古勢力青海派和碩特部的封建主送到阿拉善旗隱藏起來了。

　　此外，也有傳說他投湖自殺，不過這點普遍不被大眾接受，因為依據佛教信仰，佛教徒不可能自殺；還有傳說倉央嘉措被執送京城後，康熙皇帝將其軟禁在五臺山，閉關坐化，這說法出自藏文《十三世達賴喇嘛傳》及大陸著名學者牙含章所著《達賴喇嘛傳》。

　　《十三世達賴喇嘛傳》一書記載：「十三世達賴到山西五臺山朝佛時，曾親去參觀六世達賴倉央嘉措閉關靜坐的寺廟。」

　　寺廟指的是五臺山台懷鎮的「觀音洞」，我在2012年朝聖五臺山時曾去過。觀音洞位在台懷鎮清水河東岸，建在陡峭懸崖上，由於景區內的環保車未行駛這裡，除了包車只能步行前往，因此遊客極少。

五臺山的觀音洞寺廟入口

小山洞前方蓋了一間小小的觀音殿

　　步行抵達山腳下的觀音洞寺廟後，繞過內院大雄寶殿，沿著陡峭山壁開鑿了石階步道，盤旋而上，盡頭有一間觀音殿，小小的殿堂內，供奉著許多佛像。

　　小觀音殿與崖壁之間留有一條僅容一人通行的狹窄通道，崖壁間有二個石洞，西洞叫「觀音泉」，內有天然湧泉；東洞稱「觀音洞」，傳說是觀音菩薩顯聖之處，也就是傳說六世達賴喇嘛倉央嘉措曾閉關靜坐過三年的山洞。不過，原來的天然石洞已於1956年因山岩崩裂而坍塌，現在看到的山洞是新鑿的，洞口還建了一座小小佛殿，供奉著觀音菩薩，一盞油燈閃爍著，代表著蒙藏各民族信徒幾百年來的虔誠心意。

　　我個人選擇相信倉央嘉措24歲那年並沒有死在青海湖畔，而是前往內蒙弘法直到64歲圓寂於阿拉善。這樣的信念，並不是為了滿足追

位於最高處小觀音殿後方的山洞，傳說是倉央嘉措閉關修行處

　　求故事美滿結局的想法，也不是因為佛教徒信仰圓滿的護持，更不是對倉央嘉措個人美好的一種偏愛，而是出於參看各種資料後的理性抉擇。

　　若說倉央嘉措真的24歲就死了，經過半世紀之後，出現一個蒙古喇嘛阿旺多吉杜撰《倉央嘉措秘傳》，這種說法站不住腳，因為無論從政治或宗教的觀點來看都是沒必要的，阿旺多吉作為一個曾專程前往拉薩色拉寺學習的虔誠佛教徒，更沒有理由撒謊，編造一位已過世五十多年、被罷黜的過氣達賴的傳記留諸後世。書中，記載倉央嘉措遇見過許多知名人物，他們雖然沒有留下文字記錄倉央嘉措確實活著（有人推測乃因懾於官方宣稱倉央嘉措「圓寂」、「道死」及當時西藏情勢，不得不噤若寒蟬），但他們也沒有公開否認。

　　如果倉央嘉措沒有又活了四十年，那麼，在五臺山、在西藏東部康

區、在甘肅、在青海，尤其是在內蒙古廣大地區，流傳的那些關於六世達賴倉央嘉措的傳說，還有各式各樣的物證，又該如何解釋呢？若全是憑空捏造，那未免也太神奇了，居然有那麼多不同地域的民眾都眾口鑠金。

有人以倉央嘉措24歲之前離經叛道，一心只想還俗，質疑怎麼可能24歲之後虔心向佛，以普通遊方僧身份徒步朝聖及苦修十年，然後又在內蒙地區弘揚佛法三十年？

其實只要回顧倉央嘉措從15歲在布達拉宮升座直到被執獻京城之間八年的經歷就能明白，強烈的衝突造就了他活佛詩人的身份，複雜詭譎的轉折起伏，過程變化之驟以從人間到天堂到地獄來形容都不為過，一個人在走過這樣的經歷之後，在瀕臨死亡又得以全身而退之後，當然會重新思索，為困頓的生命尋找另一個出口。何況倉央嘉措也修學佛法多年，雖然曾對學佛失去信心，認為學佛也無用處（相對他所處境況），但佛法的要義肯定還是潛伏在他的心識之中，當他於青海湖畔遁走，先克難朝聖各地並精進修行十年後，人生閱歷和24歲之前已經大不相同，若用一句現代話來形容，也可以說是：他找到了自己生命存在的價值！

在《秘傳》中有幾句倉央嘉措以第一人稱說的話，我認為那是非常非常重要的一個轉換關鍵：

> 我的過去如同夢境，全似幻象，既然如此，除了一心為教
> 法眾生謀利，豈有它求！

雲遊十方僧

由直貢梯寺俯瞰雪絨河，河畔是往深山迤邐而去的省道302線

這十年之間，倉央嘉措去了哪些地方呢？●

他先與商隊同行，渡過黃河，在今日青海果洛藏族自治州的阿日地方住了二個多月，爲民眾講解業果等佛法道理，民眾聽聞後生出極大的虔誠心，倉央嘉措要離開時，眾人都非常傷心。

接著走向嘉絨（嘉摩察瓦絨的簡稱，位於今日四川省阿垻藏族羌族自治州一帶）方向，到了一座叫噶甲的禪院，附近有一個毗盧遮那住過的岩洞，在那裡住了幾個月，精進修行，異兆屢次出現，大有長進，期間受到山上山下民眾的飲食布施，從未間斷。

此後又向察瓦絨（同嘉絨）地方走去，當時，那一帶正在流行痘疫傳染病，死了很多人，他也染上惡疾，全身腫脹遍佈水瘡，疼痛劇烈，連張眼及翻身都不能夠，受盡飢渴煎熬，痘瘡又化膿流出與衣服相黏，蚊蟲肆虐，慘不忍睹。正在奄奄一息時，他奮力向上師三寶虔誠祈禱，一心念著滌盡惡業，消弭瘟疫，勉強捱過二十多天，只有一些野果維生，正在思忖「病不死也得餓死」時，忽然飛來一隻大烏鴉，叨著一片獸肉，丟在他身旁。他吃了肉後，稍有體力，拄著一根木棍緩緩前行，走不遠，又不幸吃到有毒野果，腹痛如絞，昏死過去，但聽到空中有聲音說：「這果有毒，不能食用！」

又聽到另一聲音說：「對於能化毒爲藥的人絕無損害。」

他驚醒過來，渾身舒暢。繼續翻越高山深谷，遇見一人指引走到一座牛毛編成的大帳幕，向帳內老翁打聽附近有沒有修行岩窟，恰好有上下二個禪洞，下禪洞毗盧遮那弟子宇扎寧波閉關過，上禪洞蓮花生大師閉關過，由老翁一家人護持，倉央嘉措於上下禪洞輪流修持，住了三個月，晝夜不斷勤奮修行，離去前，在老翁家住了十幾天，講說因果等佛法回報。

又走了二十多天，到了察科村的察科寺，那是宗喀巴上首弟子曲吉阿旺札巴所建的寺廟，住了十多天。再經薩噶巡往打箭爐，恰遇香客，同行前往峨嵋山朝聖，走了十天抵達峨嵋山前方的一個城市，大致花了十天功夫，朝謁峨嵋山。

打箭爐我曾多次路過，這名稱是舊史的稱呼，大家比較熟悉的是

●本文及下文有關倉央嘉措的事蹟，主要依據2010年中國藏學出版社出版，莊晶翻譯的《六世達賴喇嘛倉央嘉措秘傳》。

它另一個漢名「康定」。由於丹達山以東屬於西藏東部，藏人稱為「康區」，漢人於是取名康定以象徵「康地安定」的意思，人人會唱的著名歌曲「康定情歌」，發生背景就在這裡。昔日康定屬於西康省，如今已無西康省，康定被劃入四川省甘孜藏族自治州，依然是川藏公路上非常重要的城鎮，海拔2500多公尺，熱鬧繁榮。

以今日公路哩程計算，從康定到峨眉山距離大約300公里，倉央嘉措走了十天，普通山路一般人每小時可走約4公里，陡坡就只能走3公里，換算後，倉央嘉措每天差不多要走8小時以上。

唉，哪一世的達賴喇嘛曾如此辛勞，長途翻山越嶺跋涉，而身旁沒有一位侍者伺候？

離開峨嵋後，倉央嘉措獨自一人往西藏前行。走到理塘寺，本想停留，但因擔心被寺廟住持認出，繼續前行，有一天來到一戶人家，遇到無頭之人示現業行的不可思議事件。

從理塘到巴塘的路上，又遇到一戶人家染上天花，大人已亡，他救了二個小孩後，幫亡者超度，照顧小孩直到親人前來帶走。再往西藏方向前進，遇到一位咒士，恭迎他到高處的山洞裡，他親眼見到無上本尊勝樂輪的奇蹟。重新上路，走到夏貢拉和魯貢拉二山之間時遇劫，身上僅有的一點糌粑和茶葉全被搶走，之後只能邊走邊化緣奔赴拉薩。

夏貢拉山（藏文意為東雪山）位於西藏昌都地區邊壩縣，魯貢拉山（藏文意為西雪山）位於嘉黎縣。這一帶山高谷深，位在念青唐古拉山脈北麓，平均海拔4000公尺以上，東雪山海拔5621公尺，是舊時從四川、青海、雲南進藏必經之路，有赴藏第一險的稱呼，而東雪山和西雪山也正是昔日康區和西藏的交界。

我曾多次站在西藏墨竹工卡縣建在斷崖邊的直貢梯寺，俯瞰山下那條雪絨河，河畔往深山逶迤而去的省道302線，會經過嘉黎縣再通到邊壩縣，直達拉薩河發源地，那一路沒有著名景點，一般遊客都不走，但我嚮往的正是原始原味之處，每一次朝聖直貢梯寺，我對這條路線就會遐想一次，有一年終於找到朋友一起包車，想從藏北那曲地區的比如縣，參觀著名的比如寺骷髏牆後，沿著302線省道，經邊壩縣、嘉黎縣抵墨竹工卡，但要辦理台灣同胞入藏批准函時，卻被告知這路線屬於「非常規路線」，台灣人不能走。

我推測當年倉央嘉措走的進藏路線，很可能就是302線這段。因為

著名的「西藏鎮魔圖」

他接著立刻提到他走到嘎采寺的轉經路上時，遇見一位女子（後來才知
是神燈天女化身）領他到一禪洞中，隔日，寺中和倉央嘉措是舊識的上
師來訪，再三端詳倉央嘉措的臉後，長嘆一聲，嚎啕大哭，頂禮膜拜。
在嘎采寺上師的護持下，倉央嘉措於禪洞中閉關一個多月。

　　嘎采寺在哪裡？在今日拉薩地區墨竹工卡縣秀絨河與馬曲河二河匯
合處的東岸，如今沒什麼名氣，但在拉薩歷史上卻是很重要的一環。拉
薩有一幅著名的「西藏鎮魔圖」，一個女魔頭東腳西仰臥，在她清晰呈
現的身形上，再以細密的線條和豐富色彩，巧妙地描繪出高山、河流及
谷地，還詳細標示出許多如今已找不到的寺廟。

　　傳說七世紀開始興建拉薩城時，拉薩原本受到女魔操控，為了震壓
住女魔，在紅山上修建布達拉宮及修建大昭寺，鎮住女魔心臟，並在女
魔四手四肢等各重要部位修建寺廟，以達鎮壓作用。嘎采寺（又稱嘎則
寺）就建在右肩位置上。

　　傳說當時松贊干布在尋找女魔右肩建寺位置時，有隻母鹿在修行中

色拉寺後山的宗喀巴修行山洞

看到，於是將自己的鹿角留在今日嘎采寺所在地，指點松贊干布在此建寺。今日嘎采寺的僧人也都知道六世達賴倉央嘉措曾以普通僧人身份流亡到嘎采寺，被寺中女神認出，那位女神的佛像就供在嘎采寺大殿二樓，而當年倉央嘉措閉關一個多月的僧房，依然矗立在寺院背倚的半山腰，是棟黃色的房屋。

倉央嘉措也就是在嘎采寺遇見已投胎爲母猴的姐姐。

從嘎采寺進入拉薩聖城，巡禮色拉寺和哲蚌寺（二寺與甘丹寺合稱格魯三大寺），最後到了色拉寺後山的禪寮裡，他昔日經教師之一的傑格列嘉措大師察知後，獨自前來和他會面，大師黯然神傷，倉央嘉措也十分悲泣，二人一起在這宗喀巴大師曾住過的地方閉關共修妙法。

色拉寺後山的宗喀巴修行山洞，海拔近4000公尺，我在2005年及2008年各去過一回，山洞外依傍著山崖地勢建成上下二層小佛殿，平日上鎖，由於從色拉寺還需攀高數百公尺陡坡，只有朝聖客才會爬上去。

第一回去，負責看管小佛殿的強巴喇嘛打開山洞的木門大鎖，通融

我獨自待在裡面幾分鐘。山洞窄小幽暗，四周崖壁凹凸不平，正中供奉著宗喀巴大師和弟子的塑像，幾盞暈黃的酥油燈微微晃動著，映照成神秘的光影。我雙手合十，靜心冥想，緬懷一代大師偉大的宗教情懷。

那時還不知道倉央嘉措也曾在小山洞中閉關修行過呢！

山洞外有一個終年不涸的泉水，放眼四周都是乾涸的山坡旱地，遍佈大小石頭及雜木叢，山頂也無積雪可化為水，水源從哪兒來呢？真是神奇！猶記得用木水瓢舀出喝下時的甘醇清涼，當時只知道五百多年前宗喀巴大師曾飲用過，無形中泉水也增加了加持力。如今，知道三百多年前倉央嘉措也曾飲用過，禁不住有點兒飄飄然，無形中又有了一絲看不見的業果之線牽繫起相隔三百年的兩端～

一個多月後，倉央嘉措轉往甘丹寺想禮拜宗喀巴肉身❷，但遭到執事僧阻擾，他自嘆：「如今連拜睹一下聖祖上師的權利也沒有了。」因此生出無限的厭離心，後來混在一些朝聖客中間才得以如願。他又想能待在一個可以看到聖祖上師的地方修行，便來到位於甘丹寺東邊山上的小寺廟托索寺，住持從前對他就極為崇敬，在住持協助下，倉央嘉措先用了幾個月修懺悔滌罪，然後進行了一年多極為嚴謹的閉關。

出關後，前往山南地區巡禮了桑耶寺、昌珠寺、沃卡、墨脫塘等地，又朝拜了匝日神山。留在匝日吉加禪院，只穿一件布衫，勤奮苦修，修到了臍輪真火。幾個月後，因緣會見許多空行母及金剛瑜伽母，一起舉行薈供輪儀式，歌金剛之曲，起金剛之舞，當時他以為只過了一天，後來才知自己經歷了「神界一日，世上已過去七個晝夜」的奇遇。

從那裡又到了宗喀巴在泛卡雪山上修行的住處，修煉採服芸香花精和吞服石丸的辟穀術，總計十一個月時間，修習從未間斷。一日，親見宗喀巴及八大弟子，又一日，親見勝樂本尊顯化，右有聖者阿底峽，左有大師蓮花生，前面是上師宗喀巴，周圍許多空行母曼舞婆娑，米雨繽紛，落滿禪洞。此後，通體舒泰，身子變輕，隨時可以入定，而且具有能記憶前生等各種神通。

儘管一路隱姓埋名，他在山南地區朝聖時，行蹤還是被發現。拉藏王派出探子打聽確定後，將他禁閉在沃卡達孜宗山頭一所房屋裡，派了許多人日夜監視。倉央嘉措也不擔心生命安危，不分日夜只是修行。大

---

❷ 1419年，格魯派創始人宗喀巴在甘丹寺圓寂，肉身保存在靈塔內，直到文革被毀。

位於拉姆拉措聖湖山腳下的曲科傑寺，文革浩劫時幾乎全毀

約十五天後，騎上一頭犛牛，由12名監守押回拉薩，走到果喀拉山口時，忽然刮起一陣紅色風沙，一位神女現身，大喝一聲「速行！」押他的一幫人全部僵臥，不醒人事。倉央嘉措隨著紅色風沙，平安翻過了果喀拉山口。心想自己還是遠走高飛的好，以免惹來橫禍。

日夜續行，先到達工布地區，再經故鄉門隅前往尼泊爾、印度朝聖。期間歷經遇見羅剎、降伏屍變與寶象等種種奇遇，並在幾處修行聖地閉關修持，夜以繼日，精進不綴，取得各種證悟。《秘傳》一書作者特地說明「尚有各種尊者親睹及證悟的無數奇蹟，只因尊者嚴禁外傳，故此未加錄述」。

1714年，倉央嘉措經聶拉木返回西藏，再度橫穿自己的出生地門隅，最後到達塔布扎倉。塔布扎倉位在山南地區加查縣內，是三世達賴喇嘛修建的寺廟，他持戒嚴謹，在那裡秘密住了很長一段時間，當地人以「塔布夏仲」尊稱他，這也是後來人們慣稱他為塔布夏仲或塔布大師的由來。

期間，倉央嘉措也曾前往同樣位於加查縣的曲科傑寺和拉姆拉措聖湖朝拜。曲科傑寺位於拉姆拉措聖湖山腳下，今日大多稱為瓊果傑寺，該寺由二世達賴喇嘛創建於1509年，經歷代達賴喇嘛修繕和擴建，成為夏季行宮之一，原是占地近4000平方公尺的金頂大建築群，但已全

以觀看前世、今生、來世而聞名的拉姆拉措聖湖

毀於文革浩劫，重建的瓊果傑寺只剩小小殿堂，供奉著威猛的吉祥天母（即班丹拉姆，拉薩守護神），歷世達賴喇嘛親政之前，都要來朝拜這尊佛像。

聖湖拉姆拉措自古至今就以觀看前世、今生、來世而聞名，藏語意思是「天女魂湖」，海拔4000多公尺，湖面形近橢圓，面積約一平方公里。每當要尋訪達賴及班禪的轉世靈童，高僧就會來湖邊觀湖卜卦，接受神示。而一般朝聖者，只要虔誠祈禱，用心觀照，也都可從湖面顯現的水紋波影看到自己前世、今生、來世的種種徵兆。

2011年5月，我曾朝聖拉姆拉措，可惜，冬日結冰的湖面還未融化，四周山坡也猶積雪溼滑，為了安全，只能從鞍部稜線遠觀。

倉央嘉措就是在拉姆拉措聖湖看到了自己的後半生，湖面清清楚楚顯示出內蒙阿拉善的山川地理和阿旺多吉家的情況和人口數目等，就連還是小孩的阿旺多吉被母親抱在懷中的景象，也一清二楚。

冥冥之中似乎在告訴倉央嘉措，東北方有一塊福田，等著他去傳播佛法。倉央嘉措與阿拉善之間，也就是從這裡有了好緣起！

落足阿拉善，大漠弘法

賽科寺今稱廣惠寺，位於青海省大通回族土族自治縣，目前正在重建

定遠營（今巴彥浩特）的阿拉善王爺府是現今保存最完整的蒙古王府建築群之一

1715年，倉央嘉措又回到拉薩，秘密住了好幾個月。1716年便帶著十來個拉薩木如寺的僧人，秘密啓程，秋天抵達青海，待了約一個月。倉央嘉措扮作遊方僧，獨自一人往賽科寺❶走去，當天晚上，護法神對寺廟方丈預示隔晨倉央嘉措佛爺會駕臨，要他好生迎接款待。方丈告訴寺僧：「倉央嘉措佛爺要降臨了」，要大家張羅準備，弟子還以爲是上師年事太高，迷了心竅亂說，直到確認眞的是六世達賴喇嘛，立刻無比虔誠。據說從那以後，全賽科寺的僧人都在私下談論倉央嘉措，驚異得不得了。

---

❶賽科寺即今廣惠寺，位於青海省大通回族土族自治縣東峽鎮，歷史上是青海五大格魯派寺院之一，文革遭毀，目前在重建中。

從賽科寺回到西寧，倉央嘉措帶著隨從直赴阿拉善，抵達匝卜爾沃蘇地方，就是在這裡遇見了阿旺多吉一家人。阿旺多吉的父親請倉央嘉措到家中舉行祈壽灌頂佛事，並請求倉央嘉措駐錫該地，做他們供養的福田。倉央嘉措說出他在觀拉姆拉措聖湖時看到的預示，又指著阿旺多吉說：「這孩子也是個有福份的。」他要大家暫時不要張揚，對誰也不要說起有這麼一個西藏來的喇嘛，爲了聖教和眾生的利益，他仍需以遊方僧的打扮遊走，最後特別說：「有朝一日，我的身世必將大白於天下，我終將爲眾人所稱羨道奇。」

一天主持勝樂金剛的薈供法會時，倉央嘉措親自唱了一首道歌，瞭解他過往經歷的藏籍僧人聽著聽著都淚流滿面，有說不出的悲傷，他自己也露出些微悲愴之色，但隨即微笑著說：

> 有道是瑜伽師的一切感念，俱應歸於阿賴耶之中，我的過去如同夢境，全似幻象，既然如此，除了一心爲教法眾生謀利，豈有它求！

倉央嘉措在阿旺多吉家住了好幾個月，爲各官宦貴族、平民百姓等大小施主做了種種法事。

1717年仲春2月，他獨自前往阿拉善王阿寶官府所在的定遠營（即今巴彥浩特），途中發生了許多異行奇蹟。他還未到達官府，就有人向阿寶王報告了所有的異行奇蹟，阿寶王說：「若當眞如此，我就要供養他。」王妃格格本來全不把倉央嘉措放在眼裡，也在倉央嘉措施展神通後下跪磕頭，從此虔誠供養。

這年秋天，倉央嘉措與格格同往京城，直到隔年返回阿拉善，駐錫二年。1720年5月帶了隨從數人二度前往賽科寺，講經說法，冬初才返回阿拉善。當時，邊民大都已聞其名，從蒙古各地來朝拜的人日益增多。而這時的倉央嘉措，除了一心爲聖教蒼生謀利之外，別無它顧。

第三度前往賽科寺時，當時的嘉格隆舊寺（即石門寺前身）是賽科寺的子廟，廟中住持均由賽科寺委任，嘉格隆舊寺的長老們商量後也來請求倉央嘉措擔任他們的寺主（參見石門天險一文）。不久，倉央嘉措前往嘉格隆舊寺登寺主法座時，青海一帶各大師、活佛及代表六部、十三處禪院共一千五百多人，浩浩蕩蕩齊來迎接。

「磐石般的黃金降到了我們門前，我們實在福份不淺啊！」

「雖然西藏十三萬戶遭厄難，但是太陽在安多地方升起來了。」

如此這般讚揚的話，一時傳為美談。

倉央嘉措在嘉格隆舊寺住到冬末，北返時大批馬隊護送。走到扎嘎（即今石門寺所在處），他收韁勒馬，四處瞭望，囑咐大家：「日後就在這裡建寺廟，建大殿、經堂等，你們的僧舍也可在這裡建造。」聽者一頭霧水，心想：「我們已經有現成寺院，還要建什麼新寺呢？」其實當時倉央嘉措已預見了嘉格隆舊寺即將毀於兵災。

1723年，青海湖的丹增王（固始汗之孫）帶頭叛清，以賽科寺、嘉格隆舊寺為首的大大小小寺院，均遭魚池之殃，嘉格隆舊寺被清廷大軍整個焚燒殆盡，戰火連年，直到1727年在倉央嘉措主持下，於今日石門寺位址重新興建。

1730年，清朝大軍要出征時，岳鐘琪將軍邀請倉央嘉措到蘭州（甘肅省）為全體軍卒誦經祈福，修法七日，岳將軍和眾軍士饋獻了豐厚的銀兩等物，得以充實籌建寺廟費用。而以倉央嘉措為首的205名僧眾的度牒❷，也全部頒發下來，原先舊寺廟時期康熙皇帝賜予的頂戴❸和錢糧俸等也重新恢復了。此後，四季法會不斷，完全奉行拉薩三大寺的規矩。

此時期，倉央嘉措同時擔任13所寺院的堪布（教授），還應大眾請求，登上大同寺的寺主法座，只要有施主請法，路途再遠都會前往，還曾經到達大庫倫（今之蒙古國首都烏蘭巴托）的寺廟。

1935年，倉央嘉措派阿旺多吉前往拉薩求法，親口囑咐他要好好學習，在班禪座前領受沙彌戒和比丘戒，並要他帶回一些特定的佛教經典文物。後來，阿旺多吉學成並帶回倉央嘉措指定的物品，倉央嘉措非常歡喜：「已全部齊備了，在這蒙古地方一定要把大願法會建立起來。」1739年便在阿拉善建立了和拉薩一模一樣的傳召大法會，對佛法的推廣和弘揚有莫大助益。

---

❷度牒是針對已正式成為僧尼者所發放的證明文件，詳細記載僧尼原籍、俗名、年齡、所屬寺院、剃度師名及所屬官署。持有度牒的僧尼可以獲得政府保護，並免除租稅徭役等。

❸頂戴指清朝代表官階的頂珠，不同的頂珠質料和顏色代表不同品級。

每年底到翌年初數個月之間，流亡海外的西藏四大教派都會在印度菩提伽耶（佛陀悟道聖地）輪流舉辦祈願大法會

傳召大法會又稱「祈願大法會」，每年藏曆正月初三起舉行約三週，是宗喀巴大師宣導的四大佛事之一。目前在拉薩因故已被取消，但在印度的菩提伽耶（佛陀悟道聖地），從每年底到翌年初前後數個月之間，流亡海外的格魯派、寧瑪派、噶舉派、薩伽派等西藏四大教派，都會輪流舉辦祈願大法會，來自世界各國的僧俗信眾共同參與，場面盛大。

　　1745年藏曆10月燃燈節期間，從26日起，倉央嘉措出現病容，在那之前，他已設法辭去了各寺廟寺主的職務，病情綿延了月餘，阿旺多吉覺得有些不妙，聚集眾僧日夜誦經修法禳災。

　　轉眼到了一年一度的傳召大法會，來自四面八方的僧眾絡繹不絕，倉央嘉措天天接見朝拜者，講經說法，祈願賜福，忙累不堪。弟子勸他免去一些接見及講經活動，未被倉央嘉措接受。

　　過了年，大年初二起，倉央嘉措病情轉為嚴重，有時昏迷，有時寒熱交替，以阿旺多吉為首共21位僧人舉行消災解厄的法事，全寺僧眾

倉央嘉措圓寂所在處——騰格里沙漠承慶寺旁的蒙古包帳篷

也做了各種應做的祈壽法事，日以繼夜，持續不斷。

倉央嘉措抱著病體，陸續指示對廣大地區一百三十多所寺廟發放布施茶，有些加送衣物，其中二十五所禪院還賜予供祭基金；對佛像進行開光儀式；把自己用過的金剛鈴杵和長耳帽等物品送給賽科寺住持夏魯倉大師，請他要按先前許諾的那樣爲教法和眾生造福；再把另外一支金剛杵獻給上師甘丹赤巴。最後說：「吉事一畢，我今生的事業也就功德圓滿了。」

《秘傳》中對六世達賴喇嘛圓寂的最後幾天有著清楚細膩的描寫。

> 那夜我獨自在駕前陪住。病情略安，對我說：「這回不妙，但關係不大。」並伸出腿來命我按摩。按摩時尊者吻我並撫摩我的頭，講道：「先前我對你的恩深，如今你對我的恩重，眞捨不得你啊！」言罷悲戚不已。
>
> 過後，醫生曲吉和次成桑布來了。黎明時自己說感覺很安適。爲他洗了手和頭，覺得涼爽。兩眼頻視天空，似乎有什麼人到了尊者跟前一樣。有頃，對曲吉醫生說：「天上降下哈達來了！」又問：「你剛才說什麼？」道：「我說下雨了吧！」然後他默然不語了。
>
> 等我去了以後，對我說：「今天到日子了！」我心中疑懼，故意答道：「是，今日是六號了。」尊者羈然一笑。其實是預示八日即將圓寂。諸天空行都來接引了。……我爲祝尊者得無量壽，奮力念起了長生咒，尊者也跟著念誦。念得比我更響亮，更流暢。正當念誦長生咒時，尊者的身軀忽然伸直了，金剛跏趺散開，變做菩薩跏趺。右手放在右髖，左手執杵鈴置左髀之上，以觀音休養心性金剛薩埵之姿態，一道元神斂入法界去了。
>
> 一代達賴喇嘛圓寂了。❹

---

❹ 《秘傳》一書未提到倉央嘉措圓寂所在，但一般都記載他圓寂在騰格里沙漠承慶寺一旁的蒙古包帳篷內，之後先供奉於昭化寺肉身靈塔，1757年，移置新建的廣宗寺，文革時遭毀。

世間最美的情郎

收藏於達旺地區烏金凌寺的倉央嘉措唐卡

住在布達拉宮，我是雪域最大的王。

流浪在拉薩街頭，我是世間最美的情郎。（無名氏譯）

這首真假未定的倉央嘉措詩作，流傳甚廣，為大眾所津津樂道，人們不在乎那個住在布達拉宮裡雪域最大的王，心儀的是那位流浪在拉薩街頭世間最美的情郎。我在一開始追尋倉央嘉措足跡的過程中，對這位被形容為「世間最美的情郎」到底長什麼模樣也感到好奇，還異想天開：若倉央嘉措生存的時代有照相機就好了，一張好照片往往比千言萬語還更具有說服力，能傳遞出更多訊息。可惜當時還未發明照相技術，今日只能憑著一些蛛絲馬跡，勾勒出他的形貌。

在布達拉宮的上師殿（喇嘛拉康）內，有一尊六世達賴喇嘛的塑像，就位於中央主供的格魯派祖師宗喀巴塑像左邊。這尊六世達賴喇嘛塑像很年輕，雙足結跏趺坐於寶座上，右手作說法印，左手作托法輪姿勢，頭戴通人冠，身穿僧衣，薄唇輕抿，神態安詳。

《秘傳》中也有多次提到倉央嘉措形貌，第一次是還身處拉薩的政治鬥爭之中時，拉藏汗寄給康熙皇帝一封信，對倉央嘉措是否為活佛提出質疑，康熙皇帝於是派了一位精於相術的人前往拉薩。相士抵達後，請倉央嘉措赤身坐在座位上，他從前後左右仔細觀察許久，最後說：

「這位大德是不是五世佛祖的轉世，我固然不知真假，但
作為聖者的體徵則完備無缺。」說完後向倉央嘉措頂禮膜拜，
回到漢地。

第二次是倉央嘉措被執獻京城，從青海湖獨自離開後，往東南方向上路，遇到了一團商旅隊伍，大家圍著他交頭接耳，議論紛紛：

「這人不是本地人，瞧他的服裝和面貌！」
「這種體態與凡人可大不相同，倒是和天神差不多！」

倉央嘉措於阿拉善地區弘法時期，《秘傳》作者如此描寫倉央嘉措的體態：

布達拉宮六世達賴喇嘛塑像

　　不高不矮，無論是混跡於市井之中，或者躋身於各種顯貴
中間，總是丰采超俗，氣度不凡。縱令鶉衣百結，也勝過他人
的錦衣華服。……持戒的香氣濃烈，甚至尊者用過的臥具、籌
子、木箸等物也都香氣氤氳。尊者曾講過：「即使混在乞丐群
中，我身上這股香氣也使他人生疑。」

　　當時倉央嘉措年紀已過半百了，但相貌宛如三十多歲，後來年歲再
高時，手足也沒有青筋暴起，腰身依舊挺拔，毫無年邁者的龍鍾老態。

昭化寺鎮寺之寶倉央嘉措大唐卡

　　面容俊美，齒白唇紅，光彩照人。…頭髮油亮蜷曲，有時
每月需剃一次，有時四五個月不剃也不見更長。雙手過膝，手
足掌心俱紅潤。……生就一雙丹鳳眼，細看眼眸似乎有彩虹閃
耀。雙耳迤長，耳垂有孔。鼻準隆直，唇形美，令人一見之下
便生崇敬之心，不敢仰視。

　　我沉吟著：丹鳳眼，又有彩虹閃耀，這樣的眼睛想必是溫柔多情，
令人不飲也醉。

　　2013年3月走訪昭化寺時，老迪喇嘛送我一片寺廟製作的紀念光
盤，裡面收錄了昭化寺年度各種法會，其中於5月份舉辦的六世達賴喇
嘛圓寂紀念法會上，大殿懸掛了一幅倉央嘉措法相的大唐卡，我當時立
刻打電話問老迪喇嘛為何我在大殿沒看到？原來那幅大唐卡是鎮寺之
寶，平時深藏，只有大法會才對外展示。

　　我直接從光盤截圖抓下，影像不是很明晰，但依然可以清楚看到倉
央嘉措一雙丹鳳眼，微微往兩側上揚，唇部飽滿紅潤，有點像一般形容

倉央嘉措親自繪製的本人唐卡，由石門寺收藏　　此幅倉央嘉措的法相，屬於「達賴喇嘛源流組畫」系列之一

女孩的櫻桃小嘴，眉毛如一彎半月，眉心有顆觀音痣，象徵是觀世音菩薩的轉世。

　　我個人最喜歡的一幅是目前收藏於甘肅石門寺的大唐卡，據說是倉央嘉措自己親手繪製而成。雖然因年代久遠，細部已斑剝模糊，色彩也不再鮮艷，但構圖細膩，圖案豐富，畫風古樸又典雅，倉央嘉措兩手各拈一花，還有經書及法輪，神態自若，恬淡溫柔，展現出與任一幅歷代達賴喇嘛唐卡全然不同的韻味。

　　還有一幅倉央嘉措的法相，屬於「達賴喇嘛源流組畫」系列之一，乾隆26年（1761年）由西藏進貢清廷。本來官方記載倉央嘉措1706年病逝於青海湖畔後，清廷一直不承認他是六世達賴喇嘛，在官方檔案中一直稱出生於理塘的格桑嘉措（後來的七世達賴）為六世達賴喇嘛，直到這幅唐卡進貢清宮，表明清廷對倉央嘉措六世達賴喇嘛地位的重新默認，具有歷史價值。

　　布本彩繪中的倉央嘉措畫像，神韻飽和，右手作說法印，左手托法輪，呈現了官方繪製的基本姿勢。頂上有大片祥雲，一位弟子於座下仰視倉央嘉措，虔誠地正在聽他說法。畫左上側是位祖師，一般認為是他的上師班禪，其下是紅色空行母；畫右側是手持烏巴拉花箭的智行佛母❶，是他主供的本尊。這幅彩繪和其它各世達賴喇嘛繪像的不同處在於背景沒有寺院建築，只在藍天下畫出浪花翻湧的藍色水域，一對水鳥悠游。

　　後人解讀這背景說明他圓寂於青海湖畔，畫師以此傳達緬懷之情，但我倒認為這個背景是點出他一生與其它世達賴喇嘛的迥異處，前五世的達賴喇嘛終其一生都是在布達拉宮位居高位度過，只有倉央嘉措僅在布達拉宮待了八年，其餘四十年都在民間遊走弘法。「倉央嘉措」這名字是藏語直接音譯，意思是「音律之海」，以海洋為背景既符合他名字的意象，也符合他詩歌創作的多才多藝，更符合他一生的顛沛流離，而在顛沛流離中卻又彷彿如魚得水般的野禽，得心自在。

---

❶智行佛母藏名叫「咕嚕咕咧」，又稱「作明佛母」、「三界自在空行母」或「懷柔佛母」，乃二十一度母中的紅度母，與綠度母無二無別，是慈悲的本尊，如母親般關懷六道眾生，盡一切能力滿眾生願及幫助眾生成就佛果。

【第五部】 塵歸塵，土歸土

眾裡尋他千百度，驀然回首
原來倉央嘉措不是在青海湖遁去，而是更尕湖
相隔308年的冬日，我專程拜訪他遁去前行經的兩個湖泊
在冰天雪地中，在黃沙塵煙裡，想像著倉央嘉措的心境
因緣具足也拜訪了他曾駐留修行的大藏寺及毗盧聖窟
並二度前往賀蘭山下供奉他舍利金身的廣宗寺
在荼毗塔前不勝唏噓之際
風中彷彿傳誦著——死亡是脫離輪迴的出口

峰迴路轉

往冬給錯納湖途中的羊群與牧民

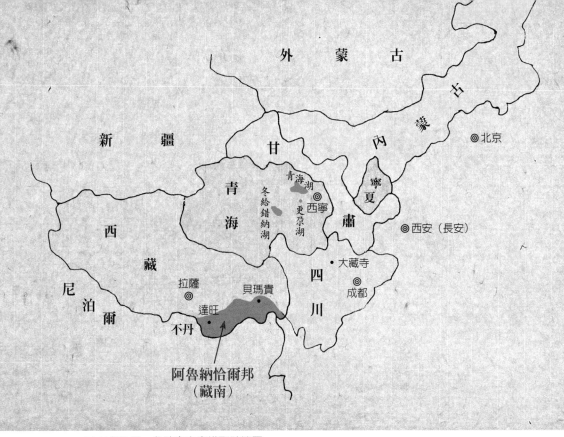

2014年2月，參訪倉央嘉措聖跡簡圖

2014年春節時我已動筆撰寫本書，無意中在網路上看到一份中國瑜伽出版社於民國72年出版的《達賴六世情歌及秘傳》PDF檔，作者標示「倉央嘉措及阿旺倫珠達吉」（顯然「倫珠」是「倫珠」之誤），封面未標註譯者，僅在第一篇導言文末註明「莊晶」二字，詳看全書內容和莊晶譯本大同小異，比較特別的是，注釋的部份共有292則，全加上藏文原文，我眼睛為之一亮，之前正對幾個音譯人名及地名感到困擾，例如夏魯瓦和霞魯巴，洛桑般登和羅桑班丹，以及聖湖拉姆拉措所在地前後譯名「梅朵塘」和「墨脫塘」，依我粗淺的藏文程度，總覺得是同一個，但又不敢百分百確定，有了藏文原文，趕緊一一對照，果然如我所料。

最大的意外收穫是這份PDF檔中有一則「更尕瑙爾」的注釋，是大陸出版那本所沒有的，不僅標出藏文，之後還加注「瑙爾在藏語中做財富解，在蒙語中是湖泊的意思」，我看了差點跳起來！原來我一直找

不到書中記載倉央嘉措於青海湖畔離去處「更尕瑙爾」的實際位置，是因爲我誤以爲那是一個代表「共喜和財富」意思的地名；誤以爲那是一個地理位置緊臨青海湖的地方（有資料還寫成貢嘎淖爾），因此盡往青海湖畔的地名搜尋，當然一無所獲，如今恍然大悟原來那不是地名，而是一個湖泊的名字，就叫「更尕湖」。

回溯我會有這樣的誤解，其實也是長久以來，一般均簡化說法爲「倉央嘉措病逝青海湖」或「倉央嘉措於青海湖遁走」，導致我有先入爲主的錯覺！

我立刻拿出青海省的分區詳細地圖冊及上網Google地圖，擴大搜尋範圍並放大比率，鉅細靡遺查看，很快找到了，「更尕湖」就位在海南藏族自治州共和縣，距青海湖有一點兒距離但也不太遠。這個範圍之前找過，但是因爲湖的面積實在是太小了，從一般比率的地圖根本就看不到它的存在。

我以「更尕湖」爲中心點，將地圖來回放大縮小對照，並拿著尺在地圖上比劃，想找出三百年前倉央嘉措被執獻京城走過的路。

遠自七世紀開始，唐朝和吐蕃之間的交通要道就依靠一條「唐蕃古道」，是當時中原內地往青海，西藏乃至尼泊爾、印度等國必走之路，文成公主遠嫁吐蕃王松贊干布走的也正是這條要道。據史料記載，位在今日青海省果洛藏族自治州瑪多縣的鄂陵湖和札陵湖一帶，便是當年吐蕃王松贊干布設帳迎接文成公主的地方。三百年前，倉央嘉措要被執獻京城，從拉薩到青海走的想必也是唐蕃古道的西段，若在拉薩和青海西寧之間劃一條線，便會發現《秘傳》一書提到的多給錯納湖和更尕湖都位在線上，只是今日分屬相鄰的二州，前者屬果洛藏族自治州，後者屬海南藏族自治州。

這個新發現讓我興奮不已，這二個湖都是重要關鍵點，之前找不到明確位置也就罷了，如今知道了，當然無論如何都要前往拜訪。

大年初五我抵達蘭州，先適應海拔一天，初六搭火車抵西寧，手機訊息提醒「蘭州零下4到5度」，雖然冷冽，但我感覺和自己熱愛的藏區逐漸靠近了，心中充滿回老家似地溫暖。

和成都老友Hu介紹的青海旅行社導遊小裴聯絡，請教交通問題，他說若從西寧包車前往很貴，建議我先搭大巴到瑪多（果洛藏族自治州首府），他再幫我介紹當地吉普車師傅。他問我主要想去哪些地方？我

說了二個湖名。

「冬給錯納湖我夏天常帶客人去，很漂亮。更尕湖？沒聽過，在哪裡？」

「就是傳說六世達賴喇嘛過世的地方，在海南州！」

「倉央嘉措我知道，他不是在青海湖過世嗎？」

電話中懶得解釋，只強調我一定要去就對了。

西寧直達瑪多的大巴，冬季停駛，只能搭往玉樹的車在距瑪多約3公里外的三叉路口下車。前一晚西寧開始下雪，我有點擔心路況，上路才發現幾乎都是柏油路，路旁還標示「中鐵五局」工程，正在建設從共和到玉樹的「共玉高速路」。

隨著海拔增高，大多時候窗外都是一片白茫茫的粉粧世界，有幾段還下起小雪，窗戶結冰，窗景模糊，感覺頭部開始有點發脹。

黃昏在三叉口下了車，刮大風寸步難走，冷空氣凍得我直打哆嗦，一輛吉普車開到我身旁停下，是包車師傅周保來接我，明明是長得很標

周保是土生土長的藏族師傅兼導遊

清晨路旁柔和的景緻

準的藏族人，我問：

「你是藏族，爲什麼名字叫周保？」

「我們藏名有四個字，客人老記不住，取了漢名，大家聽過一次就記住啦。」

他送我到當地能接待外賓的旅館，討論明天行程，我提到我回共和後還想去另一個湖，但連他也沒聽過更尕湖。

熱情活潑、臉上還長著青春痘的周保，看似乳臭未乾小伙子，實際卻已30歲，已婚，有個7歲兒子，他好奇問我：「我們這兒最著名的景點是兩湖一碑，夏秋季遊客多到旅館一房難求，冬天除了專程來拍雪景的人以外根本沒人要來，你怎麼會選這時候來？還自己一個人。」

我簡單說了目的，拿出《倉央嘉措秘傳》一書秀給他看，他很有興趣，問東問西，我說頭有點脹痛，明天車上再聊吧。

簡單吃了幾片餅乾和一杯沖泡式熱飲，時間還早，走出屋外想看

土石路盡頭的山村有座寧瑪派寺廟

看夜晚的瑪多縣城。瑪多藏語意思是「黃河源頭」，素有黃河源頭第一縣之稱，距青海省會西寧市約500公里，眼前筆直寬敞的街道安安靜靜地，兩旁店舖門窗緊閉，看不到屋內燈光，偶爾才有一輛車開過，昏暗的路燈寂寥亮著，倒是滿天星斗熱鬧萬分。

打電話給去年3月前往青海湖時認識的民宿老闆旦卻大叔，請他幫忙找車載我去更尕湖，他問：「更尕湖？在哪兒啊？」眞是令人喪氣，一連三個青海本地人都不知道更尕湖，我說：「在海南州，看地圖好像要從G214國道邊的塘格木鎭進去。」「喔，塘格木我知道，你到共和再給我打電話吧，再幫你介紹師傅。」

雖然和旦卻大叔相處時間很短，但感覺他是個可以信任的老實人，當時我問他住宿費用，他回答：「看著給，現在是淡季，你看著給就行了。」我還以爲是場面話，離開前付給他100人民幣，充作一宿二餐的費用，他不收，嚷著：「太多了太多了，50元就夠了！」「沒關係，你

小寺廟卡克寺及佛塔

們全家那麼熱情招待，就100吧！」他還是不收，硬是找還50元。沒
想到在旅遊火紅的青海湖地區還有這樣純真性情的老闆，難怪大陸網友
一致推薦，「且卻大叔」已經成為金字招牌！

　　瑪多海拔4200多公尺，我的頭整夜一直脹脹地，有點不舒服，是
輕微高原反應，墊高二個枕頭，低聲持〈蓮師心咒〉，才迷迷糊糊睡
著。

　　清晨七點半，周保照約定時間準時出現。大地猶漆黑，夜空清亮，
我一上車，周保就不斷講話，他臉上的笑容及說話語氣，帶一點靦腆，
帶一點樸拙，用詞直爽簡潔，讓人感覺很舒服。

　　周保說瑪多有千湖之鄉的美稱，因為湖多水氣足，溼氣夠，所以冬
天下雪也多，這兒每個湖泊年年都在擴大面積，和西藏地區及北方湖泊

因乾燥逐漸縮小完全不同，夏天和秋天的湖景美極了，勸我一定要在夏秋時再來一趟。

車開出城外，兩旁近處是被雪覆蓋的平緩沼澤地，遠處是連綿的山脈，陽陰面的關係，積雪程度厚薄不一。天際漸紅，大地逐漸甦醒，八點半太陽從山後探出頭來，許多野生動物和我們一樣早，看到體型很大的野狼，一家四口在車道上漫步，直到我們車靠近了才跑走，黃羊和山羊出現最多回，還有藏野驢站在一個小山崗上，神氣得很，空中還有幾隻大老鷹盤旋。

周保自豪的說，來瑪多旅遊「只要找我就對了」。他從1996年開始搞旅遊，對這一帶的景點和動植物生態一清二楚。我在心中一算，今年2014年，他30歲，那1996年不是只有12歲嗎？我才想說他騙人，他已解釋從初中起就利用課餘和假期，在外地來的自駕車前面用跑的引路賺錢，後來改騎摩托車當引路嚮導，有時遇到單人遊客，就用摩托車載遊客四處玩，存了點錢後，賣掉摩托車，湊錢買了一部破舊的吉普車，繼續努力工作存錢，再換成眼前這部車況稍好些的二手吉普車。

聽他嘻嘻哈哈回憶十八年來努力賺錢的經過，又談著和太太認識、結婚生子的故事，我心裡明白，以一個沒背景、家境貧窮的土生土長藏民而言，要累積到目前成績，過程應該充滿辛酸血淚。他體型不高大，我一邊聽他敘述，一邊彷彿看到在海拔4000多公尺、沒有明顯路跡的湖光山色中，有個小個頭少年仔的身影正努力跑在外來車前面引路，賺的真是血汗錢啊！

路上有些地段結冰，車開得很慢，土石路前頭出現一個小村落安靜地坐落在大山下，周保說這是「日謝村」，離湖最近的寺廟就位在村中，屬於寧瑪派。

寺廟大門上鎖，和周保先繞轉寺外瑪尼輪及八佛塔一大圈。氣溫真低，一張口呼氣全是白霧。轉一圈回來看到活佛站在寺前，我們上前拜見，周保介紹我是從台灣來的，專程來收集資料及拍照要寫書。活佛會說普通話，但他說的普通話我有八成聽不懂，我說的他好像也聽不懂，二人老是雞同鴨講，最後由周保居中翻譯。

活佛說這寺廟叫卡克寺，建了四、五十年了，第一任住持是他父親，在附近花石峽鎮還有一間規模比較大的分寺，僧人有一百多位，最早在二十世紀中葉以前，屬於隨牧民流動的寺院，沒有固定場所，主要

旦鬧活佛

宗教活動是齋戒、聚眾誦經、布施齋茶等，後來才於此地固定廟址。現在這兒正舉行連續一百天的念經，每天二十四小時持續不斷，活佛說這叫「牧民會」。

牧民？睦民？這詞兒我不懂，我問是新年期間的法會嗎？活佛說不是，就是「牧民會」。周保解釋，原來牧民有所謂的冬窩和夏窩，會隨著季節冷暖把牛羊群趕到不同的二個地區放牧，這一帶因為冬季時太陽充足，比較溫暖，屬於冬窩，牧民會就是為了這些冬窩的民眾而辦。

「這裡是冬窩？可一路上沒看到多少戶牧民，只有零星幾戶啊！」

「哪裡，很多都住在比較溫暖的山坳裡，車道上看不到。」

活佛帶我們進寺廟禮佛，麻雀雖小，五臟俱全，連續一百天的念經牧民會，想必為村民及牧民帶來了很大的祈福安心作用。

千山中的黑海

牧民從結冰的冬給錯納湖挖洞取水

離開寺廟，沒多久經過一景點「莫格德哇」，是唐代吐蕃的墓葬遺跡，有殘牆、壕溝、封土堆等，據說還發現瑪瑙、陶片等。我對這沒啥興趣，對路左邊寬闊河谷裡的自然景觀興趣還濃些，有一大群羊兒在結冰的河邊覓食，四個牧民悠閒地站在一旁聊天，幾隻羊兒跑遠了，也不見牧民著急去追趕，藍天裡飄著薄紗似的絲雲，山脈覆蓋著或厚或薄的柔軟雪花，天寬地闊，心門敞開。

獨自在喜馬拉雅山雪洞閉關過十二年的女喇嘛丹津葩默，曾舉例一位明智的禪修者就像是經驗豐富的牧羊人一樣，不會盲目地隨羊群東奔西跑，他只是好好地觀察，不曾睡著也不會離開，就只是看著那群羊，讓羊群自由走動，過一會兒，羊群吃飽便都躺下了。對付禪修時的妄念也是如此，只要靜靜地退回身後佇留，看著它，就只是看著它，妄念本身便會自己消失了。

「湖到了！」周保出聲把我拉回現實，右側出現結凍的冰湖，一大群氂牛靜靜地在湖邊枯黃草地上低首吃草，冰湖宛如冬眠的熊，毫無生氣，空氣中浮著一層灰濛，湖面上空的雲層厚重，從天到地只剩下簡約的黑白灰色調，參雜一點枯乾野草的灰黃色彩。

停車拍照，資料說這湖海拔4300公尺，湖面東西長45公里，南北寬10公里，當地藏族奉為「神湖」。我問周保「冬給錯納」藏語是什麼意思？他說是「一千座山圍成的黑海」，蒙古語叫這湖「托索湖」，意思也是「黑海」，名稱的由來據說是因為湖水呈深藍色的緣故。

我往湖四周望去，群山環繞，但看不出來有一千座之多；至於深藍色的湖面，現在呈現在我眼前的是灰白色的湖面。周保在旁語帶惋惜：「冬天不好看，你要是夏天來就好了，夏天湖邊會開滿五顏六色的野花，美到不行，那個水波光影變化啊，看了一輩子忘不了。」

他不明白我重點不在美景，倉央嘉措被押解送往內地的出發時間是1706年秋天，照常理推斷欽使押解應當有馬可騎乘，《秘傳》書中沒有寫何時抵達冬給錯納湖，但從書中接著記述他從更尕湖離去沒多久遇到商隊，為商隊卜卦黃河是否封凍一事來看，押解人馬走到冬給錯納湖的時間應該是秋末冬初，欽使就是在這裡收到了康熙皇帝的聖旨，責怪他們辦事不周到，把達賴教主迎到內地後要如何處理？眾人惶恐，擔心腦袋不保，因此懇求倉央嘉措示狀仙逝或偽做出奔，倉央嘉措為免他們情急之下謀害自己，便答應他們先觀察緣起如何再說。

摩托車是牧民最愛的交通工具

　　倉央嘉措停留在多給錯納湖時，遇到許多來湖邊朝拜聖湖的人，於是當眾示現了神通能力（我推測多少也是爲了安撫情急惶恐的欽使），他將一根支撐帳篷的柏柱子插到地上，隔天便活了。

　　不知道當時倉央嘉措看到的是深藍色的湖水還是逐漸結凍的湖面？那時他對自己未來何去何從也還沒下定論，而是把抉擇權交給「緣起」。緣起是什麼呢？緣起是佛教的特色及要義之一，「緣」指因緣、條件，「起」指生起、出現，佛教認爲世間一切有爲法都是由種種條件和關係組合在一起才會出現。

　　押解隊伍繼續前進，走到更尕湖時諸種好緣起現前，倉央嘉措這才決定深夜離去。

　　拍完照再上路，土路與冰湖不即不離，灰白的湖及山看久了還眞的有點單調，偶爾有騎摩托車的藏民迎面而來，都是冬窩的牧民人家，時代變遷，兩輪摩托車比馬和駱駝還受歡迎。

　　二人再次談起倉央嘉措，周保問我：

　　「倉央嘉措眞的沒死在青海湖喔？」

　　「我是這樣相信，阿拉善的蒙古人也都這樣相信。」

　　我把《秘傳》一書的故事簡單說了一遍，最後順口說：

猴子山與大群野山羊

「我在拉薩大學學藏文時，藏文老師教過我們一首倉央嘉措的詩改編的民歌，好聽得很！漢語歌詞是：潔白的野鶴啊，請你借我雙翼，不到遠處高飛，理塘轉轉便回。啦啦啦啦啦啦啦……」

我輕輕哼唱旋律，周保聽了興奮地說：「這首我會唱！」立刻用藏文唱了起來。可惜我太久沒唱藏文，歌詞已忘了大半，只能半哼半唱，二人在車裡反覆唱了幾遍。車速很慢，周保的嗓音帶著藏人獨特的唱腔，一隻不知名的野鳥飛過湖面上空，是倉央嘉措的化身嗎？

「你從哪兒學會這首歌的？」

「也沒特別學，就從小到大聽人唱就跟著會唱了。」接著又哼唱另一旋律幾句，說：「這首也是倉央嘉措有名的詩歌，是他24歲在青海湖時寫的讚美青海湖的歌❶，然後回到共和，晚上燒煤就死了……。」

我打斷他的話，邊說邊搖頭：「他不可能自殺，佛教徒不會自殺！」

---

❶後來我以「青海湖」為關鍵字上網搜索，查到好幾首歌頌青海湖的中、藏文歌曲，但沒一首是倉央嘉措寫的詞，所有作詞譜曲者全都是現代人。

地熱源湧出的熱泉造成湖面一小區塊沒結冰

「不是自殺，是因為房子門窗關得緊緊地，燒煤取暖一整晚，缺氧，就死了。」

「這也不可能，那時候藏區有燒煤嗎？都是燒牛糞吧，而且三百年前還沒有『共和』這地名呢！」

「你怎麼知道？」

「我讀了很多資料啊！」

「噢，在我們這裡是這樣聽說的啦！」他有點意興闌珊地回答。

路左側山坡上出現了一座造型特別的獨立小岩峰，酷似一隻猴子蹲坐，周保介紹那就是「猴子山」，也有人稱為「猴王觀湖」，石猴望著波光粼粼的湖面，靜坐沉思。傳說很久以前，這裡原始森林覆蓋，林中猴子成群，後來不知何因，森林消失了，猴群逐漸散去，只有猴王不捨家園，幻化成山，繼續守護。

「快看，有一大群野山羊！我要去拍特寫！」周保忽然大叫，我這老花眼找了一下才看清羊群在猴子山下的枯黃斜坡，他早已拿著Canon大相機往猴子山飛奔，我跟在後面跑了一小段，上氣不接下氣，喘得很。猛然想起身在4000多公尺高海拔，趕緊停下深呼吸，改用長鏡頭

不知名的水鳥水鴨為冰凍的湖面帶來一點生機

拍，而周保已經跑得不見蹤影了。

返身走回車旁，下到右側湖邊，不遠處有一地熱源，不斷湧出熱泉流進湖中，這一區塊湖面全沒結冰，水摸起來有點溫暖，陽光剛好穿透雲層現身，光影在水面幻化，較遠的一側有一群野鴨悠游，還有二隻飛鳥相伴。資料說這兒是斑頭雁和鷗類、鸊類的主要繁殖地，可我天上飛的、水裡游的沒一樣認得。

等周保拍了特寫回來，我們繼續沿著湖畔土石路開了好一會，最後離開湖，開上旁邊一條整個地基墊高、路面被壓得又平又直的土路，我還以為是共和往玉樹的高速路，周保搖搖頭：

「這不是公路，這是未來成都到格爾木的鐵路。」

「鐵路？這兒要興建鐵路？」我驚異萬分。

「現在從成都到格爾木不是要先往北到蘭州、西寧，再往西、往南走嗎？繞了一大圈，這條鐵路聽說是取直線的捷徑，會大大縮短成都到格爾木的距離。」

沒錯，成都直線到格爾木就像三角形的斜邊，是最短距離，沿途經過青藏高原東段海拔3、4000公尺以上的山區，看來中國繼青藏鐵路之後又要再造第二條「天路」奇蹟了，以後從成都搭火車進藏肯定會節省許多時間，但我心中五味雜陳，對文明之爪直搗藏區的神山聖湖，爆破、開鑿山洞頻繁，總深覺不妥。

而周保在我身旁正得意的笑著：

「哇哈，我們應該是第一個走這條路的人哦！」

在更尕湖看到善好緣起

蕭瑟孤寂的更尕湖

當我看到旦卻大叔介紹的師傅華克攸開著白色私家車來共和旅館接我，心陡地涼了一截，怎麼會是轎車呢？都怪自己疏忽，沒指定吉普車，我煩惱地問：

「您這車到得了更尕湖嗎？」

「我也不知道，沒去過，但我知道塘格木，那邊很多藏族，到了再問吧！」

真是欲哭無淚，萬一路況不好到不了，該如何是好？共和縣城人生地不熟，眼前只能硬著頭皮上車，祈禱菩薩保佑。

和之前的周保相比，華克攸簡直惜話如金，都是我問他才開口。旦卻大叔是他妹夫，他看去黝黑，滿臉皺紋，比我小2歲，小女兒還在西寧讀大學。雖然家住共和，可是問他一些相關問題，不是回答「那我不清楚！」就是回答「這我也不知道呢！」我拿出地圖要給他看更尕湖相關位置，他笑呵呵說：「不用看了，我不識字，到了塘格木再問人就行了。」

從共和縣城沿又寬又直的G214國道往西南方向開了半個多小時，看到往塘格木鎮的路牌後右轉，又開約15公里抵達塘格木鎮。一進小鎮，右側有一長排房子，屋頂橫豎著鐵架大招牌，以中藏文寫著「更尕村村民綜合服務活動中心」，我驚喜的指著招牌大叫：「華克攸，更尕村！」

華克攸下車問路，當地人都知道更尕湖，續行不遠離開小鎮轉入一條狹窄的鄉間道路，雖是柏油路，但路況很差，兩旁是平緩的枯草地，不遠處有小丘陵延伸，景觀荒涼，零星出現一兩戶民家，華克攸說那些都是牧民，以前住蒙古包帳篷，如今幾乎都搬進土磚房了。

我依照地圖上更尕湖位置估算倉央嘉措離開更尕湖後的走向，《秘傳》記載他「於初更時分登程上路……，往東南方向行去，……平旦時分，來到了兩座巍峨的青山之間」。初更大約是晚上7點到9點，平旦也是古時計量時間的單位，指太陽露出地平線之前，天剛濛濛亮的時候，也就是一般所說的黎明時。算一算，倉央嘉措可能走了8到10個小時，當時夜黑，他路況不熟，又有風暴驟起，估量他應該走得不快，頂多2、30公里吧。我在地圖上標出這數目的範圍，差不多是我們這一路走來所經地域，可是剛剛完全沒看到有二座巍峨的青山，是倉央嘉措回憶時記錯了嗎？還是三百年來滄海桑田改變了？

數量龐大的羊群啃掉草根是造成環境沙化的主因之一

　　開著開著，路面坑洞漸多，四周黃沙遍野，掩蓋住路基，有些地段還入侵公路，這和中國北方沙化嚴重的情況相同，最大原因是數量龐大的羊群野放，連根啃光具有水土保持作用的野草。

　　開到8K，道路上坡，坡頂積滿沙堆，擋住去路。把車停在坡下，我和華克攸走上去查看，試探沙堆深度，看來轎車絕對過不了，我往前方遠處打量，天氣灰濛展望不佳，但依稀可看出前方右側山谷裡有個小湖，比照地圖及方位，十之八九就是更尕湖，我興奮地對著還在試探沙況的華克攸大喊：「我看見湖了！」

　　忽然傳來摩托車引擎聲，仔細一看，有輛摩托車在左側沙堆和雜草叢間前進，看不出來路是從哪兒接過去的，華克攸說那邊可能有路繞過這沙堆，二人還在張望，後方柏油路又來了輛黑轎車，往路旁一拐，也進了沙堆草叢之間，華克攸說：「走！我們跟著那輛車。」

　　趕緊倒車，跟在黑轎車後面，誰知才走沒幾十公尺，前面車停下來，倒轉車頭，看來是走錯了，我們先讓到一旁讓黑轎車過，再準備倒車，沒想到卡在沙堆中，前進或後退半步就動不了，我擔心車輪會陷進沙中，幸好華克攸下車查看車底地形後，順利倒好車，但黑轎車已不見

大片流沙掩埋住公路

蹤影。

　　沒了熟門熟路的本地車可以跟，我有點著急，華克攸倒很鎮定：「沒關係，反正一定有路就對了，我們回頭仔細找找！」往回慢慢開，看到一側有條硬土質路，上面也有輪胎印，華克攸說：「應該是這條了。」方向盤一轉離開柏油路，往前才開幾十公尺，前面出現厚大沙堆，又是死路一條。

　　不過倒是看清幾公尺外，隔著矮草叢和沙堆，有一條和我們這條平行的路，看去也像車道，而且路面似乎比較硬實，我建議先倒退到柏油路再回頭去找那路的入口，華克攸說不用，直接切過去比較快，結果欲速則不達，車子陷進沙中，前車輪空轉，揚起漫天黃沙。

　　華克攸下車，徒手想撥開車輪四周沙子，我阻止他，以幾年前我和先生在巴丹吉林沙漠四輪傳動車陷進沙中的經驗告訴他，不能撥開沙，一旦把沙撥開，等下引擎一發動，車輪會陷得更深。正確方法是找塊木板或石塊墊在車輪前面，這樣車輪有了著力點，發動後才能順利往前進。

　　但是去哪裡找木板或石塊呢？四周只有大小沙堆、雜草叢和小石頭。華克攸上車再試，我徒步往前先去探查相鄰的那條路，幾十公尺之

綿延的矮草叢和沙堆

外又是一個大沙堆擋住，看來這些看似有輪胎痕跡的路，很多都是錯誤之路。

走回陷車處，告訴華克攸我探查的結果，車還是動彈不得，他口中嘟囔著：「哎呀，這可怎麼辦好？」我也不知怎麼辦好，四周沒住家可以求助，二人站上土堆，極目四望，更遠處看去好像也有一條土道往前延伸，華克攸說他走過去瞧瞧，我留在原地緩緩轉動身子拍了360度照片，然後闔眼靜立不動。

嚴冬2月天，冷峻的低溫中寒風刺骨，像細針一樣扎進我裸露在衣帽之外的肌膚，快要凍僵的手足提醒著我生命的脆弱，茫茫曠野，孤寂天地，我雖不是生不逢時、懷才不遇的陳子昂，卻也興起和他一樣「前不見古人，後不見來者，念天地之悠悠，獨愴然而涕下」的感嘆。剛才站在埋住公路的沙堆上已經看到更尕湖就在不遠處的山谷裡，我會和更尕湖失之交臂嗎？這一路所見除了荒涼還是荒涼，三百年前，倉央嘉措看到的也是一模一樣的荒涼嗎？他走過我現在站立的腳下這塊沙地嗎？

不知是因為寒冷；還是因為更尕湖咫尺天涯；還是因為想起了倉央嘉措的一生，我被一縷淡淡的久遠悲傷所籠罩。距今307年前的那個夜

晚，24歲的倉央嘉措獨自上路，剎那間，天搖地動，狂飆驟起，不辨東西，風暴中有一位牧人打扮的婦人在前面為他引路，直到黎明時分，婦人消失，風暴停止，茫茫大地，只剩下了無垠的黃沙塵煙。

無垠的黃沙塵煙——我眼前所見也正是如此這般！當時倉央嘉措獨行一段長路後，口中乾渴，腳掌磨出水泡，在疲憊不堪中誦念：「高貴的終歸衰微，聚集的終於離分，積攢的終會枯竭。」想到生命的無常，厭離心生起，轉念又想：「而今能夠脫離羈絆，乃是三寶的慈悲，作為一個遁世者，為滌蕩孽障，應當做一名純正的遊方朝聖、修持禪定者才是。」因而又心生歡喜。

華克攸回來了，告訴我那個最遠的道兒才是正確的路。他把撿來的破舊粗布袋和裝沙拉油的破塑膠片，墊在深陷沙中的前車輪底下，上車重試，我在一旁大喊加油，同時心中不斷祈禱！

終於成功脫困，我舉手歡呼。回到柏油路往回開，沒多遠，右側出現一條窄土道，就是華克攸剛才看到的那個道兒，順利前行，雖然中間也出現沙堆擋道，但都是淺沙，一會兒接回柏油路，路旁里程碑標示著9K，原來這個便道是為繞過擋在8K處的大片沙堆而設，9K之後的路面相較前段更加坑坑洞洞，有些地段地基還下陷，開到13K再度遇到大面積流沙掩埋住路面，兩旁不見便道可繞行。為了安全，我告訴華克攸不要再前進了，我爬上路旁突出的高地，居高臨下拍更爾湖。

這路旁突出的高地和更爾湖之間有很大的落差，一高一低，整個湖區全入眼底。維基百科全書記載更爾湖面積約1.58平方公里，屬於青藏高原。在看過青海、西藏眾多大湖泊之後再看這個小湖泊，平凡不起眼，或許夏日來時會呈現小家碧玉之美，但眼前在周圍大片黃沙土堆包圍中只有一片蕭瑟孤寂！

不過，倉央嘉措當年也是在冬日時經過這裡，在一片蕭瑟孤寂景觀中，他卻看到了諸種善好的緣起，他從一位名字在蒙古語代表獅子的老漢身上看到「無畏」的緣起，又從蒙語更爾瑙爾對照藏語看到「共喜」、「財富」的緣起，他向三寶祝禱，徵兆也都吉祥，因緣具足，於是就此遁走，隱姓埋名，開始天涯朝聖苦行的遊方僧生涯，為後來弘法阿拉善三十年奠基。

這就是聖者與我們凡夫之間的差異吧，凡夫總是受制於五蘊的運作，只看到娑婆世界的不淨與煩惱，而聖者看到的盡是清淨所顯！

浪丐心淚

大藏寺大殿

2014年春節在安排行程時，因爲直飛蘭州機票比成都貴了近一萬元，決定飛成都，再轉搭火車。既然路經成都，臨時動念順道拜訪倉央嘉措在十年雲遊期間曾去過的察科寺（今稱大藏寺），那是格魯派在康區最大的寺廟，但我只知在阿壩藏族羌族自治州馬爾康附近，於是請教成都好友Hu，無巧不成書，她去年十月才去過，她在回覆給我的郵件中說：

「大藏寺跟我也算有緣份，我很早就看過祈竹仁波切的自傳《浪丐心淚》，但那時完全不清楚大藏寺在哪裡，只知道是在阿壩地區，去年中秋有朋友約我去馬爾康，我剛好認識一個在色拉寺學習的僧人，他是馬爾康人，就向我推薦了大藏寺和毗盧聖窟，我在網上查資料，發現大藏寺的祈竹仁波切就是寫《浪丐心淚》的作者……，十月我們去了大藏寺，然後我獨自一人徒步前往聖窟。……不多說了，自己去感受吧！」

真是太奇妙了，本來只是要去大藏寺，卻意外獲贈大禮──毗盧聖窟，心中隱約覺得這就是《秘傳》書中提到的毗盧遮那修行洞，趕緊上網搜尋，果然記載六世達賴喇嘛曾在此聖洞修行，我雀躍歡欣，充滿感恩，冥冥之中似乎有根看不見的線引導著我前往倉央嘉措走過的地方！

從成都搭大巴抵達馬爾康，一下車就遇到飄雪，住進家庭旅館，櫃台後面牆壁掛了一幅春光明媚的大藏寺全景圖，還供著一張加框大照片法照，我問藏族老闆娘：

「這是祈竹仁波切嗎？我看過他的自傳，明天去大藏寺，希望可以拜見。」

「是祈竹仁波切沒錯，但仁波切幾個月前圓寂了。」

祈竹仁波切法照

大藏寺夏日全景（丹增曲札喇嘛攝）

　　圓寂了?!我當場愣住。昨天拿到書，回旅館後看到午夜，欲罷不能。仁波切從18歲離鄉背景，徒步到拉薩，學法幾年，因時局不穩，輾轉逃往印度，後來因緣具足轉往澳州弘法，晚年返鄉重建大藏寺，歷經大半生飄泊流離的坎坷命運，依然致力於弘法，看得我數度落淚。

　　「晚了一步，我怎麼這麼沒福報啊！」我喃喃自語。

　　隔天一早要出發時，還在飄雪，很擔心上不了大藏寺，幸而出了馬爾康縣城雪停了，離開國道轉進省道，公路沿著一條切割頗深的河谷邊緣前行，經過腳木尼鄉，包車師傅介紹那就是祈竹仁波切老家所在，河谷對面山坡坐立一尊超大佛像，也是仁波切重修的。一路看到很多徒步和磕長頭的藏民，與我們同向的是要到大藏寺朝聖，與我們逆向的是要到附近觀音橋鎮的觀音廟朝聖。師傅告訴我：「前往這兩地朝聖是我們嘉絨藏族每年必做的事。」

　　為什麼自稱嘉絨藏族呢？在《秘傳》書中也記載倉央嘉措「向嘉絨方向走去」，在一個毗盧遮那大師住過的岩洞閉關幾個月，此後「又往擦瓦絨地方走去」。嘉絨和擦瓦絨都不是確切的地名，而是泛指一個大範圍的區域。

　　在四川西北大渡河上游及岷江源頭一帶，在終年不化的雪山和綿延

千里的森林中，聳立著一座當地人崇敬的「嘉摩墨爾多」聖山，是藏區四大有名的聖山之一，據說在聖山中有許多伏藏的佛教經文和法器。

聖山周圍方圓約數百公里的區域就稱爲「嘉摩察瓦絨」，「嘉摩」是聖山的簡稱，「察瓦」藏語指熱帶，「絨」指農業，合稱「嘉摩察瓦絨」，簡稱「嘉絨」。唐代以前，統治這一地區的是一些部落首領。七世紀初，松贊干布統一了吐蕃，嘉絨地區也納入吐蕃管轄，到了唐代，由於和唐朝在邊境打仗頻繁，吐蕃贊普從西藏的阿里、象雄等地調集大量軍隊駐守此地，吐蕃王朝瓦解後，這些軍隊首領各據一地，成爲世襲土司，旗下士兵和本地人融爲一體，繁衍生息，他們的後代由於自然環境和歷史因素，除了文字和信仰與藏族相同外，在語言和日常生活方面發展了獨特方式，成爲所謂的「嘉絨藏族」。

大藏寺位在大藏鄉，師傅在大藏鄉前面的沙爾宗鄉停下車，告訴我再上去路面就有積雪結冰，汽車不好走，騎摩托車方便些，先到他朋友家喝茶休息，那戶人家的莫拉（祖母）一聽到我要到大藏寺朝聖，熱心地打電話幫我找摩托車技術比較好的年輕人載我上山，原本是Hu認識的大藏寺阿旺喇嘛要騎摩托車下山接我，湊巧有鄉民往生，阿旺喇嘛和寺裡幾位喇嘛爲亡者誦經做佛事去了。

莫拉找來的摩托車騎士是個長相酷俊的藏族小伙子，接過我的背包掛在胸前，笑笑對我說：「幸好你只有一個包，若是帶旅行箱就載不了了。」我也笑笑，獨自旅行我一向揹背包，一個後背包再加一個放重要物品的斜背小書包，綽綽有餘，這種方

騎摩托車載我上山的藏族小伙子丹丹

嘉絨藏族傳統民居

式讓我安於享受「輕囊致遠」。

　　請教他大名，他說他名字不好記，親朋好友都喊他「丹丹」。丹丹告訴我從沙爾宗鄉到大藏寺單程約二十多公里，不遠，但昨晚下了雪，路面會滑，慢慢騎，要花點時間才會到，我說：「沒關係，安全第一。」

　　從大藏村之後，山路陡急往上盤旋，隨著海拔增高，路面積雪增厚，新下的軟雪不礙事，最怕的是結冰路段，滑不溜丟。丹丹雖然騎得很慢，並以二腳輕觸左右地面作為平衡輔助，還是頻頻打滑，有幾次滑向山坡外側，錯覺就要衝下覆滿積雪的陡峭山坡，我「啊！」叫出聲，丹丹感受到我有點緊張，出言安慰：「放心，不用怕，到寺廟朝聖，佛菩薩會保佑的，我們一定能安全抵達。」

呵呵，好可愛的小伙子。半路遇到幾個騎車下山的寺廟僧人，顯然在沒客車行駛的山區，摩托車是最佳選擇。對我而言，在海拔3500公尺的積雪山區騎摩托車，這可是頭一遭，新鮮得很，只是雙足冰凍，宛如沒穿登山鞋和毛襪裸露在外似的。

丹丹很貼心，多次停下讓我拍照及欣賞風光。山谷中及對面稜線散佈著不少聚落，綿延山峰圍繞下的谷地，頗有柳暗花明又一村的洞天風貌，想必在春暖花開季節會美如世外桃源。丹丹介紹這兒有許多房屋仍保留嘉絨藏族傳統民居特色，三、四層樓高的房屋牆面用泥土加石塊砌雕而成，層層疊壓，外牆面再分層以木柱加木片往外做成懸空式陽台，造型特別。

望著下方的大藏村，想到明天一大早下山的問題，原本打算今晚住寺廟，明早阿旺喇嘛再送我下山搭一天一班的大巴，八點由大藏村發車，那表示大約六點半就需從寺廟出發，天都還沒亮，摸黑走積雪的陡急山路安全嗎？萬一有一點延誤，趕不上客車就麻煩了。臨時決定請丹丹等我參觀完，載我下山，住在巴士站附近。丹丹表示大藏鄉沒有旅館，他可以帶我去親戚家借宿。

一個多小時後，路漸平坦，陰霾消失，太陽露出笑臉，大藏寺也到了。

「大藏」藏文意思是「圓滿的信心」或「滿足數」之意，因為藏文音譯關係，也曾被譯作「大澤寺」、「達倉寺」等，由嘉絨高僧阿旺札巴大師建於1414年，到今年2014年剛好滿六百年。寺院全盛時期僧人超過800，是格魯派在藏東的總道場，由於悠久歷史及規模，被尊稱為「第二札倉」，地位僅次於拉薩祖庭甘丹寺，明、清時期，大藏寺備受帝皇及朝廷尊崇，長期得到帝皇供養。

阿旺札巴在拉薩隨宗喀巴學法時，獲得顯密各種成就。傳說某次僧眾集體上殿誦經，阿旺札巴遲到，殿門已關上了，他便示現穿牆入殿的神通。後來因夢兆，宗喀巴預言他的弘法因緣在廣大的藏東地區，他於是告別上師返回故鄉，據說，宗喀巴把自己的念珠贈送給他，他於是發下大願：「念珠有多少顆珠子，我定當建立相同數目的寺院以報師恩！」雖然正式文獻不見記載，但這個故事在嘉絨地區廣為流傳，人人深信。阿旺札巴回到家鄉後，開始建立一座又一座的寺廟，大藏寺便是他建立的第108座，這也是寺名含有「滿足數」意思的緣由。

打電話給阿旺喇嘛介紹的洛桑益西喇嘛，由他帶我參觀。我對丹丹說：「不好意思啊，要讓你等幾個小時。」他露出微笑：「沒事，你慢慢參觀，不用急，我去找認識的僧人朋友聊天。」

　　洛桑益西喇嘛講解寺廟歷史、重建過程及各殿主供佛像等非常詳細。參觀大殿時，殿中有一根綁著哈達的大木柱，據說是當年阿旺札巴到達現今大藏寺所在地附近，發現有建寺弘法的吉兆，但難以抉擇確定的位置。當時飛來一隻烏鴉咬走他的哈達，把哈達掛在一棵大柏樹上，阿旺札巴走近一看，樹下有很多螞蟻，認為這是未來寺院僧人眾多的象徵，便以該棵柏樹為建寺中心，那根柏樹也就是大殿內這一棵大木柱。

　　若站在大藏寺對面山頭看過來，據說可以看出大藏寺所在地形宛如一頭躺臥的大象，寺院就建在大象肚子，而附近山勢自然形成一座十三尊大威德金剛壇城的排列，無比殊勝。

　　步出大殿，右側是護法殿，洛桑益西喇嘛提醒我女性不能進入。記得祈竹仁波切在自傳中提到六世達賴喇嘛來訪時，曾於護法殿外牆寫了一些文字，該牆在寺廟重修時被忍痛拆除，只在新牆相同位置，仿照舊

傳說六世達賴喇嘛曾於護法殿外牆寫字

為了紀念倉央嘉措來過大藏寺而立的觀音大士碑，經常有藏民在碑前作大禮拜

照片拓上相同字跡作紀念。不過，我在護法殿外繞了幾圈，沒找著，問遇到的幾個僧人也沒人知曉。

繼續參觀各個分散獨立的大小殿堂，一邊往後山走，所有殿堂都是祈竹仁波切返鄉後重建的。在距今約一百年前，大藏寺有一位長老曾預言：「現在顯得法務昌隆的此寺，將來會被毀滅荒廢，再由來自遠方的人重建。」祈竹仁波切在書中說他年幼時聽人談起預言，當時寺院一片鼎盛，沒人相信這個預言！直到大藏寺於文革被毀，2000年重建，得到了祈竹仁波切各國弟子資助，甚至有新加坡弟子率隊建造部分工程，大家想起這個古老預言，竟已應驗。

繞寺廟區一大圈後，回到大殿，再往寺廟外圍右側走，紀念倉央嘉措的觀音大士像就位在轉經道旁。祈竹仁波切在書中特別提到大藏寺有座小石碑，上刻觀音大士形貌，是紀念第六世達賴喇嘛到訪的一個

觀音大士碑近照

表徵。據說倉央嘉措扮作普通僧人來訪，秘密地躲藏於護法殿修持，本來無人知曉。有一天，他在現在石碑所立處被一位到過拉薩觀見過他的老僧認出來，六世達賴囑咐老僧保守秘密，老僧懇求他留下一些駐錫大藏寺的紀念，六世達賴便說：「在我離開後，你在我倆見面這兒立一個觀音大士石碑，見碑如同見我本人！」老僧於是遵照囑咐立了石碑。

我向石碑頂禮後，貼近端詳，這尊觀音大士是三面四臂，頭頂有尊佛像，很像阿彌陀佛，後來查資料，這尊「三面四臂，頂有阿彌陀佛像」的觀音大士稱為「不空絹索觀世音菩薩」，象徵觀世音菩薩以慈悲的絹索救度眾生，心願不會落空的意思。

為什麼倉央嘉措要老僧立一個觀音大士石碑呢？

《楞嚴經》記載觀音菩薩可以隨意化為各種法相：「故我能現眾多妙容，能說無邊秘密神咒，其中或現一首、三首、五首⋯⋯，乃至千首⋯⋯；二臂、四臂、六臂⋯⋯，乃至千臂⋯⋯；二目、三目、四目⋯⋯，乃至千目⋯⋯；或慈、或威、或定、或慧，救護眾生，得大自在。」

藏傳佛教最常見的觀音法相是四臂觀音及千手千眼觀音，由於觀音菩薩救護眾生的大慈大悲，觀音信仰在藏地相當發達，歷代達賴喇嘛都被視為觀世音菩薩的化身，倉央嘉措也是觀世音菩薩的化身，所以說見觀音大士碑如同見他本人。

走回大殿前石板廣場，回望依坡而建、順山脊而落的寺院大小殿堂，半個多世紀以來，這一切從有到無再到有，感觸最深的當是這塊土地上的每一個人。祈竹仁波切在自傳中提到隨著大陸開放改革，他在1993年啟程返鄉的情況：

　　在到達大藏寺時，有數萬群眾跪在路邊迎接，大部份人都在默默地流淚。我雖然在理智上知道寺院早已被毀，但第一眼親眼看到它的現況時，我仍然不敢相信自己所看到的景像。四十年前寺院的盛況，在我腦海中猶如昨天一般，但現時眼前見到的卻只剩下幾道破牆。這種震驚，加上幾十年來居住在低地的生活，令我感到呼吸困難，一時之間很難適應。

　　當年，大藏寺有幾百位僧眾，現時剩下才四、五個。寺僧為我安排了向來朝的數萬在家人說法，但因已無殿堂可用，只好在寺院大殿的原所在地，露天坐在地上講法。西藏人的宗教信念極強，即使經歷了四十年翻天覆地的大變化，故鄉的在家人仍然沒有放棄信仰。在這數萬人中，大部份都未見過我。四十年來他們只聽說被視為宗教領袖的我身住外地，四十年來他們便默默地天天向三寶祈求我早日回歸。我現已記不起當天說法的內容了，我相信這幾萬人當時也沒有聽清楚，因為大部份人都激動得持續淚如雨下，我當時也只不過是因為自己是說法者才強忍不讓自己流下淚。

讀到這裡，我已隨著藏民流下淚來。四十年的翻天覆地，被迫失去寺廟、失去上師，但仍不放棄佛法信仰，我由衷讚歎這些藏民。接著祈竹仁波切又記載：

　　大藏寺當時的方丈是位年老上座。在西藏寺院中，寺務的最高決策者是寺中的法台轉世系，日常寺務則由方丈負責打點。這位方丈在接任時，寺院基本上已不是寺院了。三十多年來，為了在意義上堅守寺院制度及方丈崗位，他受了極多折磨及痛苦。在反宗教迷信鬧得最厲害的年代，寺院已變為在家人的糧倉，並沒有僧人、佛像、經書及任何宗教活動。他之所以

堅持在被批鬥下仍不肯放棄這已淪為象徵性意義的寺職，只是為了讓寺院制度不中斷（只要仍有方丈存在，大藏寺在意義上而言便不算是完全湮滅了）。在我回大藏寺前，方丈已病重垂危，被俗家親人接回家中照料，他命人給我帶來一條哈達及口訊：「仁波切您終於回來了！我馬上要死了，無法親自前來見您，但我很高興在死前終於等到您回來，我在任內尚算未丟寺院的面子，未來的寺務責任現在我交還予您啦！」我命寺僧帶我上山，與方丈見了一面。在我離開後不久，方丈便圓寂了。後來聽說他的眼珠火化不壞，化為舍利，其肉身亦燒出了不少舍利。

讀到這裡我更是淚流不止，這位方丈行持令人五體投地。佛經記載，一旦皈依三寶後，不能為了地位捨棄三寶，不能為了財富捨棄三寶，不能為了保全性命捨棄三寶，多少人在文革中受不了殘酷無情的批鬥而選擇妥協，而這位老方丈他堅持的毅力與對佛法的信心，足以作為所有佛教徒的楷模。

書的結尾，祈竹仁波切回憶2000年大藏寺重建竣工典禮後，他獨自坐在重建好的「祈竹樓」中，心中感到異常自在及寧靜。他記得在將近六十年前的某一天，是他以轉世者身份正式入寺成為沙彌的第一天，出於小孩的好奇心，他爬到窗前向外看。

時隔六十年，一個完整的迴圈後，我又回到了起點，站在同一座樓同一個窗前向外看，窗外景觀與當年寺院盛況相去不遠，遠遠傳來的是同樣的大殿誦經聲，只是，窗後的觀景者不再是一個十歲的沙彌，而是一個年近七十的老僧了……。

我從沒見過祈竹仁波切，之前也未聽過他的事蹟，卻因為倉央嘉措的因緣來到他駐錫的大藏寺，二位轉世者同樣是在迫不得已的因素下離開了原有的生命軌道，祈竹仁波切有幸在晚年重返故鄉，於祖寺終老圓寂，倉央嘉措卻是遠離故鄉浪跡四十年，圓寂於內蒙古的騰格里沙漠，境遇不同，相同的是，他們都把生命中最美好的時光奉獻給眾生，為弘揚佛法盡心盡力，他們都是末法時代引領無明眾生的一盞明燈。

毗盧聖窟

壁畫彩繪毗盧遮那講經說法的盛況

參觀結束，在寺院附設餐廳吃了碗藏麵，趕在天黑前下山，路面積雪因日曬融化了大半，好走多了。半路遇到結束佛事趕回寺廟的阿旺喇嘛，一身藏紅僧袍端坐在造型酷勁的本田HONDA摩托車上，帥氣莊嚴，不動如山，寒暄一會，約定今夏寺廟舉辦六百週年慶祝法會時再見。

不用再傷神路滑難行，我和丹丹一路放心聊天，從他的工作談到他家人談到藏人處境……，也談到我這幾年在藏區的朝聖經驗。丹丹聽到我說今年是西藏阿里崗仁波齊神山本命年，藏曆四月我要去轉神山，他說自己24歲，生肖屬馬，今年也是他的本命年，依他們習俗，本命年那年要作大禮拜繞轉聖地，年初他已經以大禮拜方式繞轉大藏寺整個寺廟區外圍一大圈。

嗯，這個慶祝本命年的方式真不錯，我猴年本命年就快要到了，應該傚效嘉絨藏族習俗，也來繞轉某一個聖地。

晚上住在丹丹親戚家，藏族中年夫婦和他們讀小六的小女兒卓瑪，一家三口剛從山上遷下來村中，屋才剛蓋好，他們熱情地接納了我，聽丹丹說我是到大藏寺朝聖的佛教徒後，說什麼都不肯收我住宿錢，連我要送他們佛教小結緣品及我的雪地防水手套，也是在我堅持下才收。

今年12歲，在馬爾康縣城讀小六的卓瑪，身材高挑，五官清秀，雙頰呈現二朵潤澤的高原紅，額頭髮際有撮往下尖突的髮根，不知這是否就是所謂的美人尖？個性活潑的她主動問我叫什麼名字，我寫了「袞秋拉嫫」的藏文給她看，萬萬沒想到她居然說：「哎呀，我看不懂啦，你用說的嘛！」我驚異得差點從椅上跌落，她不是讀小六了嗎？怎麼會看不懂藏文？

原來卓瑪在縣城讀的是公辦「實驗英語學校」，只教中、英文，不教藏文，因此她只會聽和說母語，不會讀寫。唉，聰明的藏族小孩都被以各種優惠利誘，不知不覺捨棄了自己的文化。我語重心長提醒卓瑪還有她父母，英語是國際語言，學好當然對前途利多於弊，但也不能忘了自己的根，再這樣下去，藏族文化會無聲無息消失啊！

雖然卓瑪和我年紀相差甚遠，我都可以當她莫拉（祖母）了，但她和我挺投緣，坐在溫暖的火爐邊，東一句袞秋拉嫫西一句袞秋拉嫫，不斷和我聊天，並搬出全家人相簿說故事給我聽，後來她母親看到我頻打呵欠，制止她別再吵我，讓我休息。隔天一早我搭車離開後，卓瑪還和

卓瑪和父母親

我對發簡訊,直到三天後我登上返台班機。

回到馬爾康,為了節省時間再度包車。毗盧聖窟位在離馬爾康縣城約10公里的梭磨河谷北岸毗盧神山,神山海拔3000多公尺,聖窟就坐落在山腰。

《秘傳》一書記載倉央嘉措遊走到嘉絨一帶,先在白若大師住過的岩洞住了幾個月修行,功力很有長進,異兆也迭次出現;然後染到痘疫,大難不死,一個多月後轉到另一處有上下二個禪洞的「靈驗岩窟」,下洞是白若大師弟子宇扎寧布住過的修行洞,上洞是蓮花生大師住過的修行洞,倉央嘉措輪流在上下二洞中閉關修行近三個月。我問了幾個馬爾康本地人,卻沒有人聽過「靈驗岩窟」。

《秘傳》書中提到的白若大師,譯註說是「白若雜納」,其實就是「毗盧遮那」(此為舊譯名,比較普及)。毗盧遮那出生在八世紀中期,是吐蕃赤松德贊時藏人中最先出家為僧的「七覺士」之一,後來成為藏傳佛教前弘期三大譯師之一。

毗盧遮那受戒後被派往印度學法,很快精通梵文,顯密修行都有大

雜木林中分散著修行閉關的小木屋

成就，返回藏地後，因為受到傳統苯教勢力打擊及赤松德贊王后迫害而被放逐到嘉絨地區。剛到嘉絨時，當地人視他為吐蕃贊普派來刺探消息的間諜，把他投入青蛙洞，又把他投入蝨子洞，對他進行摧殘和折磨，結果發現毗盧遮那在洞裡安然誦經修行，毫髮無傷，而且身體光明燦爛，十分莊嚴，這時，當地人才知道這是一位大成就者，嘉絨王帶領民眾向他頂禮致敬，支持他在嘉絨地區展開弘法，建寺收徒，翻譯佛經。毗盧遮那備受嘉絨藏族的尊重，當地人都稱呼他是「點燃東方（指藏東的康區）佛教明燈的聖人」。

　　後來為了紀念大師，將他修行過的聖窟命名為「毗盧聖窟」，聖窟所在的山命名為「毗盧神山」，據說毗盧遮那在此修行時留下多達二十五處聖跡。

毗盧遮那當年遺留下來長達數十公尺的巨型柏樹「拐杖」

　　毗盧聖窟步道入口就位在317國道邊，一排
白色的八大舍利塔，五色風馬旗飄揚，師傅告訴
我這步道一側緊臨梭磨河谷、一側是崖壁，冬季
積雪很危險，只能開車走另一條產業道路上山。
原本可以直接開到山頂，再走另一條山路朝聖下
山，但因前幾天山頂煨桑台發生小火災，暫時封
閉，不准靠近，因此只能開車到半山腰，走小路
爬到聖窟。

　　不能上到山頂朝聖有點遺憾，據說山頂岩石
有毗盧大師留下的睡印、帽印等聖跡，不過這回
主要目的是聖窟，能走到聖窟也心滿意足，其餘
留待夏季再來！

　　下車後，沿著路徑清楚的小山路往上爬，先
經過一個掛滿風馬旗可以許願的大片岩壁，再走
一小段下坡路，接著就一路爬坡，眼前山壁雜林
中出現不少間修行閉關的小木屋，再走一段，愈
爬愈高，視野漸寬，腳下蜿蜒的公路清晰可見，
連車聲都一清二楚，山徑一個轉彎，高高在上的
洞窟隱約可見，最後一段是之形路陡上，冬陽高
照，走得我汗流浹背，但只要一停下休息，冷空
氣立刻提醒時為冬季，且身處海拔將近3000公尺
的高山上。

　　聖窟底部建了一間小寺廟，比寺廟略低處有
個小平台，幾個朝聖藏民正坐著聊天，看到我一
人爬上來，笑著對我熱心招呼：「那邊水缸有水，
用上面水瓢舀出來喝。」謝過他們，喝過水，我
也學他們坐在平台邊緣稍作休息。他們問我打哪
來的？聽到我來自遙遠的台灣後，都說我好福報
才能來到這兒朝聖。

　　四處張望，大師當年遺留下來長達數十公尺
的巨型柏樹「拐杖」，至今仍完好無損，就斜倚
在小寺廟外牆和岩壁之間。我仰頭往上打量壯觀

蓮花生大師

的洞窟，整個聖窟向外呈漏斗形，資料記載洞口高寬約20公尺，洞內深約30公尺，據說十世班禪在洞壁上發現有阿彌陀佛和觀音菩薩自顯像，資料也說窟壁上有蓮花生大師自顯像、聖腳印、聖鼻印、聖身印等，但我瞧了半天，只覺凹凸不平的岩壁沒一處靜止，望久了全都在浮動，好像是活的生命似的，其餘也沒瞧出任何端倪。

　　平台旁有間小殿，進去一瞧，主供的大佛像我不認得，問藏民說是毗盧遮那聖像，壁畫彩繪著毗盧遮那講經說法的盛況。走出小殿，正在猶豫接著該如何走，從上方小寺廟走出來一位僧人招呼藏民，要帶大家進洞去，我趕緊跟在藏民後面。進洞的狹窄木梯藏身在角落，第一段走完轉彎還有一段木梯，再經過小寺廟門口，過門不入繼續往上爬，木梯變石階，右側貼著石壁有許多浮雕彩繪的方形石板佛畫，石階盡頭是塊僅容數人站立的小平台，四周擺滿哈達及石板佛畫，左側一個小壇城，立著一尊大佛像，是我熟悉的蓮花生大師，因腹地狹小，大家主動二人一組輪流磕頭禮佛。

向外呈漏斗形的聖窟最裡側禁止女性入內

　　右側再往裡相當於漏斗的細窄部位，被一木柵門擋住，掛著紙牌「禁止女人入內」。我很好奇裡面是什麼，但連男性藏民都離得遠遠地，沒人想要一探究竟，我想應該是「冬不枯夏不盈」的神泉所在。僧人站在柵門前舀神泉給每人喝完後，帶頭離開，領大家走進剛才過門未入的小寺廟，分發祈福金剛繩、甘露水，並接受誦經祈福法會的供養登記。

　　輪到我登記時，順口請教僧人：

　　「請問這寺廟是屬於寧瑪派還是格魯派？」

　　「沒特別區分，等下要開始的誦經祈福法會也是各派僧人都有。」

　　「聽說六世達賴喇嘛也在這裡閉關修行過呵？」

　　「是啊，就在下面旁邊那間小木屋。」

傳說倉央嘉措閉關修行過的小木屋

　　下了木梯回到平台旁供奉毗盧遮那的小殿堂，再往右側走幾步，有一間緊貼著崖壁的小木屋，木門半開，破布簾垂著，我站在門口喊：

　　「有人在嗎？請問六世達賴喇嘛修行的地方是這裡嗎？」

　　喊了半天不見回應，四下無人，我大膽掀開破布簾，屋裡一大一小二張塑膠椅，一面牆壁擺了佛像及相片，另一面靠牆有幾個簡陋木櫃，上方放置杯碗及調味料瓶罐，一眼看到最裡邊就是山壁，我快步往裡走，原來小木屋是以小崖洞為基礎往外修建，裡邊看起來像是烹煮食物所在，當年倉央嘉措閉關修行的崖洞應該就是這兒，現在可能成為某位修行人的閉關小屋。

　　我這樣擅闖，難免惴惴不安，拍了照趕緊退出。屋外陽光刺眼，回看小屋及左側上方的大聖窟，心頭一動，這會是《秘傳》中描寫的那處

小木屋最裡側是個小小的岩洞

有上下二個禪洞的「靈驗岩窟」嗎？不過書中只說下洞是宇扎寧布的
修行洞，上洞是蓮花生大師的修行洞，完全沒提到毗盧遮那，也沒說上
下二洞相隔多遠還是相鄰，而從「護持他的老丈爲他在下窟裡安排住
處」的描寫來看，下窟應也不小，這點又和剛進入的小崖洞不符。

　　想起看過一份資料，靠近神山頂煨桑台附近還有一個僅容一人通過
的窄山壁，通過後有一小洞窟供著一尊蓮師，難道那會是《秘傳》提到
的上洞，而眼前這個算是下洞？

　　剛剛請教藏民，大家都說附近只有這處「毗盧聖窟」，沒有什麼
「靈驗岩窟」。哎，不傷腦筋了，總而言之，眼前這聖窟自古以來曾有
多位聖人閉關修行，我只要專注去感受、汲取它的能量，讓高僧大德的
加持力進入心中就不虛此行了。

不要在我墳前哭泣

瞻卯山懸空寺緊貼著崖壁興建

2013年3月下旬首度朝聖廣宗寺時，因為冬季封山，無法前往賀蘭山中的瞻卯山懸空寺，那裡有傳說中六世達賴喇嘛曾閉關過的山洞及文革時藏放六世達賴喇嘛骨灰及舍利的山洞，於是在9月時二度前往。

　　隨一群遊客搭景區環保車進入賀蘭山中，我獨自在瞻卯山懸空寺叉路口下車，看不到任何遊客，連出家人也不見蹤影。

　　這瞻卯山因山峰呈圓形，很像傳統的氈帽，而取了通俗的形象名字「氈帽山」，後來此地達摩居士迎請十六羅漢作結夏安居而得名「瞻卯山」，當時十六羅漢居住的地方就是傍山而建的「塔月布珠格召」，藏語意思是「解脫之召廟」，由於建在半山腰的陡峭山壁上，又叫「懸空寺」。不過原寺已毀，現在所見全為重建。

　　緊沿山壁修建的亭台樓閣，以石階及長廊連結。為了找尋山洞，我逕往緊靠崖壁的裡側走，發現有個小山洞，洞口加裝了一道上鎖的木門，才在心喜山洞找到了，走近一看門口立牌卻是「溫都爾格根超度蝎子精的傳說」。

　　廣宗寺有二個轉世活佛系統，都是清朝冊封的「呼圖克圖」（蒙語，意即活佛），一個是六世達賴喇嘛倉央嘉措的轉世，稱為「德頂格根」；一個是西藏攝政王第司桑結甲措的轉世，稱為「喇嘛坦」。廣宗寺第一世格根就是第六世達賴喇嘛倉央嘉措，立牌上提到的溫都爾格根（1747～1807）是第二世格根，也就是倉央嘉措在阿拉善的轉世。

　　傳說溫都爾格根派寺中僧人去請來石匠，指著瞻卯山塔爾巴珠克仙洞東側懸崖說：

　　「這裡邊藏著一個罪孽的生靈，請你們開鑿山岩把牠挖出來，但要注意，千萬不可傷害牠的生命。」

　　石匠們一連挖了許久，挖出一隻大毒蝎，足足有十來斤那麼大，模樣可怕，趕忙跑去報告格根，格根過來看了說：

　　「罪孽啊罪孽，可憐這生靈因其惡果而變成如此孽障。」

　　當下召集全體僧人舉行盛大法會，將那孽障火化超度，當時被石匠鑿開的山洞一直保留至今。

　　這個山洞確定不是倉央嘉措修行的山洞，那會不會是文中提到的「塔爾巴珠克仙洞」呢？我往前找尋，四周還是不見人影，正在思索這一區怎會如此冷清？眼角餘光瞄到有個喇嘛紅身影，定睛一看，這可不

完全無法溝通的老喇嘛

是有位喇嘛正在前不遠的道上慢慢走著，我三步併作兩步往前，希望所有疑問可以向這位喇嘛求得答案。

　　靠近了才發現是一個年紀很老的老喇嘛，走路彎腰駝背，他從我眼前橫越而過往右上方走，側身低首，完全沒看到我，我大聲喊：

　　「喇嘛，扎西德勒！」話一出口才想到不是在藏地，改口：「師傅，您好！」

　　他理都不理我，逕自往前走。我注意到他懷裡抱了二塊大石頭，沉甸甸地，快步往前站到他面前：

　　「我幫您拿！」

　　沒想到把他嚇了一大跳，往後退了半步，再往旁閃過我伸過去的手，我又說：

　　「這一定很重吧？我幫您拿一塊！」

　　他一副我要搶他東西似的神情，邊躲邊嚷：

石階上方通到十六羅漢作夏安居的山洞

「你幹啥？你幹啥？」

我又重複一遍，也不知他是沒聽懂還是不願意，只見他悶聲不響地閃過我逕直往前走。

我一時不知如何是好，看他沿著山壁旁階梯往上走了幾步後放下石塊，原來是要堆疊固定一根豎立的旗杆底部。等他完工，我不死心再問：

「請問以前六世達賴喇嘛倉央嘉措修行的山洞在哪裡啊？」

「什麼？你說什麼？聽不懂！」

聽他那麼大聲嚷，我猜可能是耳背，跟著提高嗓門放慢速度又說：

「我在書上看到記載，六世達賴喇嘛曾經在廣宗寺後山修行，有一個山洞，請問您知道山洞在哪裡嗎？」

「什麼？你是做啥的？」

「我來旅遊的，想看一看山洞。」

「你做啥？打掃的？」

石階道緊沿著外型特殊的天然大巨石繼續往上

這間緊靠山壁建成的小屋，裡面是個山洞，門口立了塊說明牌「關於十六羅漢在瞻卯山仙洞作夏安居的傳說」

打掃的？怎麼差那麼多！我大聲回答：

「不是，我是遊客，來玩的。」

他搖搖頭，口中嘟嚷著：「聽不懂，走，走！」對我擺擺手要我離開，自己緩緩往上爬，不再理睬我。

真是被他打敗了，只好先在四周走走看看。庭院空地立著一塊「懸空寺題記」石碑，記述懸空寺歷史。另有一超大石牌坊，刻寫密密麻麻文字，主題「具恩三位上師略傳甘露心要記」，先記述在阿拉善被稱為「德頂格根」的六世達賴喇嘛的生平及和廣宗寺的因緣，接著記述另二位上師，一是被稱為「喇嘛坦」轉世系統中的阿旺多吉，一是為蝎子精超度的第二世格根溫都爾格根，紀念他們都對廣宗寺的延續及發展作出了大貢獻。

拍完照，只餘老喇嘛爬上去的那區還沒看，想去又怕挨罵，不去又怕錯過聖跡，硬著頭皮，躡手躡腳往上爬，若老喇嘛耳背，我只要不發出大聲響，應該就不會被發現。

石階道緊沿著一塊天然大巨石而上，這巨石外形特殊，只有底部一小塊與山崖相連，然後橫著往外突出，類似屋簷，下面因擺放爐灶而被燻得一團黑。資料記載有一塊從洞口延伸出去的巨型岩石能發出清脆聲音，據說是羅漢用過的犍稚（僧人誦經或集合用的響器），不知是不是眼前這塊？

石階轉了彎，眼前又是紅僧服一晃而過，老喇嘛繞過另一塊大石走上幾個台階，進入一間緊靠山壁建成的小屋，看起來裡面就像是個山洞，心中一喜，尾隨悄悄往上走到洞口，一塊說明牌潑了我一頭冷水，說明牌標題「關於十六羅漢在瞻卯山仙洞作夏安居的傳說」，內容文字沒提到半個和倉央嘉措有關的字眼。

倉央嘉措修行的山洞及藏他骨灰舍利的山洞，到底在哪裡呢？這位老喇嘛會是文革時不顧個人安危、冒險搶救六世達賴喇嘛骨灰及舍利的那位傳奇喇嘛桑吉拉布坦嗎？他將南寺一些珍貴文物藏到山洞裡，宗教政策開放後，又從南寺廢墟中撿出磚瓦、木材，逐一背到瞻卯山，修台階蓋僧房，又修通了從南寺到瞻卯山之間能走小車的土路，因此大家給他取了個外號「賀蘭山愚公」。

就算剛才那位老喇嘛正是桑吉拉布坦，據說他只會一點點漢語，眼前也無其它人可以翻譯蒙語，算了，因緣如此。

倉央嘉措禮讚碑的後方是新靈塔和舊茶毗塔

　　回到正在大興土木的寺院區，中午是僧人休息時間，殿堂停止參觀，我只好在戶外逛。冥冥中似乎要彌補我在懸空寺的遺憾，不知不覺走到貼近賀蘭山的角落，先看到一塊「倉央嘉措禮讚碑」，正後方是他的靈塔，看起來很新，印象中在網路上看過有個小型茶毗（火化）塔，不知安在否？往四周尋找，一眼看到右後方有個被蔓草包圍的小靈塔，靠近細看正是舊茶毗塔。

　　我虔誠合十繞塔外轉、內轉各三圈，看到壁色斑剝脫落，牆上雕刻也大多破損頹圮，外圍地面坑洞凹陷，雜草叢生，荊棘遍佈，對照布達拉宮中歷代達賴喇嘛美輪美奐的靈塔，上等木質結構，外裹金皮，雕鏤華麗，塔身鑲嵌珍奇珠寶數千顆……，六世達賴喇嘛的這個靈塔，倍顯淒涼。

　　秋天蕭瑟的山風揚起，吹亂長髮覆蓋了我一臉，透過髮絲望出去，圍繞茶毗塔四周陳舊破爛的五色風馬旗翻轉，無論繁榮無論落寞，無論喧鬧無論寂靜……，一切終究會消逝，我又何必感傷呢！有一首我很欣賞的詩句，是美國詩人 Mary Frye 的作品，吟唱出對生命邁入另一階段的希望，我曾多次將它送給遭遇喪親之痛的好友。

　　不要在我墳前哭泣，
　　我不在那邊，我並未睡去。

我正乘長風遨翔。
我正綻放閃耀光芒。
我是照在成熟麥穗上的陽光。
是秋天輕飄的雨絲。

當你在晨光謐靜中醒來，
我是那快樂、雀躍的小鳥，
輕輕的拍著羽翼飛翔。
我是夜空柔和的星光。

不要在我墳前哭泣。
我不在那邊，我並未死去！

　　對藏傳佛教徒而言，一生精進修行，死亡正是脫離輪迴的一個最好出口！

舊茶毗塔近照

好大一場夢

　　為了寫本書，除了親自走過倉央嘉措一生中最重要的幾個地方外，也在各地書店收集了無數出版品及上網閱覽琳琅滿目的資料，感受到每個作者都拿著萬花筒去看倉央嘉措，透過那五彩玻璃，即使只是一個小小的轉動，都因角度的改變而呈現截然不同的美麗與解讀。

　　而我在轉動手中的萬花筒之後，呈現出來的就是您手中的這本書。

　　每個人眼中看到的倉央嘉措都不一樣，正如中國人無人不知的《紅樓夢》，魯迅曾評論說：「道學家看見淫，才子看見纏綿，革命家看見排滿，流言家看見宮闈秘事……在我的眼下的寶玉，卻看見他看見許多死亡……。」

　　容我也套用一下魯迅的詞句，我要說的是：「在我的眼下的倉央嘉措，卻看見他看見許多無常……。」

　　由於倉央嘉措一生傳奇的際遇及紛歧甚至矛盾的資訊，在撰寫本書過程中，許多疑問或困難不斷出現，每每搞得我焦頭爛額，左思右想理不出頭緒，但總在快要絕望、即將放棄時，緣起奇妙，不經意間，就像偶然揚起的山風吹散了天空浮雲，日月當空，一些線索又適時出現，循線而去，峰迴路轉，引領我找到了答案。

在跟隨西藏上師修學佛法的過程中，上師總是提醒：對世間的一切人事物，以清淨心去看待就好了，不要任意批評，尤其對於出家人更不要隨意批評，妄下結論，因為我們還是凡夫，並沒有能力去判斷一個人是不是成就者。

這個「清淨心」的觀點在我面對倉央嘉措那些被視為「離經叛道」行為時，也發揮了它的作用，以清淨心去觀待萬事萬物，萬事萬物也會饗你以清淨的回饋。

寫完本書，感覺就像觀賞崑劇《紅樓夢》最後一幕，一片大雪紛飛中，歷經人世變化的寶玉出了家，身穿紅色袈裟，跪落在雪地裡，叩首，飄然遠去，只留下迴盪在天地之間的一句餘韻：好～大～一～場～夢～。

倉央嘉措的故事，走筆至此，也該夢醒了！

一切有為法，如夢幻泡影，如露亦如電，應作如是觀。

JP0001	大寶法王傳奇	何謹◎著	200元
JP0002X	當和尚遇到鑽石（增訂版）	麥可・羅區格西◎著	360元
JP0003X	尋找上師	陳念萱◎著	200元
JP0004	祈福DIY	蔡春娉◎著	250元
JP0006	遇見巴伽活佛	溫普林◎著	280元
JP0009	當吉他手遇見禪	菲利浦・利夫・須藤◎著	220元
JP0010	當牛仔褲遇見佛陀	蘇密・隆敦◎著	250元
JP0011	心念的賽局	約瑟夫・帕蘭特◎著	250元
JP0012X	佛陀的女兒	艾美・史密特◎著	240元
JP0013	師父笑呵呵	麻生佳花◎著	220元
JP0014	菜鳥沙彌變高僧	盛宗永興◎著	220元
JP0015	不要綁架自己	雪倫・薩爾茲堡◎著	240元
JP0016	佛法帶著走	佛朗茲・梅蓋弗◎著	220元
JP0018C	西藏心瑜伽	麥可・羅區格西◎著	250元
JP0019	五智喇嘛彌伴傳奇	亞歷珊卓・大衛─尼爾◎著	280元
JP0020	禪　兩刃相交	林谷芳◎著	260元
JP0021	正念瑜伽	法蘭克・裘德・巴奇歐◎著	399元
JP0022	原諒的禪修	傑克・康菲爾德◎著	250元
JP0023	佛經語言初探	竺家寧◎著	280元
JP0024	達賴喇嘛禪思365	達賴喇嘛◎著	330元
JP0025	佛教一本通	蓋瑞・賈許◎著	499元
JP0026	星際大戰・佛部曲	馬修・波特林◎著	250元
JP0027	全然接受這樣的我	塔拉・布萊克◎著	330元
JP0028	寫給媽媽的佛法書	莎拉・娜塔莉◎著	300元
JP0029	史上最大佛教護法─阿育王傳	德干汪莫◎著	230元
JP0030	我想知道什麼是佛法	圖丹・卻淮◎著	280元
JP0031	優雅的離去	蘇希拉・布萊克曼◎著	240元
JP0032	另一種關係	滿亞法師◎著	250元
JP0033	當禪師變成企業主	馬可・雷瑟◎著	320元
JP0034	智慧81	偉恩・戴爾博士◎著	380元
JP0035	覺悟之眼看起落人生	金菩提禪師◎著	260元
JP0036	貓咪塔羅算自己	陳念萱◎著	520元
JP0037	聲音的治療力量	詹姆斯・唐傑婁◎著	280元
JP0038	手術刀與靈魂	艾倫・翰彌頓◎著	320元
JP0039	作為上師的妻子	黛安娜・J・木克坡◎著	450元
JP0040	狐狸與白兔道晚安之處	庫特・約斯特勒◎著	280元
JP0041	從心靈到細胞的療癒	喬思・慧麗・赫克◎著	260元

眾生系列　JP0094

走過倉央嘉措的傳奇：尋訪六世達賴喇嘛的童年和晚年，解開情詩活佛的生死之謎

作　　　者／邱常梵
副　主　編／劉芸蓁
行　　　銷／顏宏紋、李君宜

總　編　輯／張嘉芳
出　　　版／橡樹林文化
　　　　　　城邦文化事業股份有限公司
　　　　　　台北市民生東路二段141號5樓
　　　　　　電話：(02)25007696　傳真：(02)25001951
發　　　行／英屬蓋曼群島家庭傳媒股份有限公司城邦分公司
　　　　　　台北市民生東路二段141號2樓
　　　　　　書蟲客服服務專線：(02)25007718；(02)25007719
　　　　　　24小時傳真專線：(02)25001990；(02)25001991
　　　　　　服務時間：週一至週五上午09:30-12:00；下午1:30-17:00
　　　　　　劃撥帳號：19863813；戶名：書蟲股份有限公司
　　　　　　讀者服務信箱：service@readingclub.com.tw
　　　　　　城邦讀書花園網址：ww.cite.com.tw
香港發行所／城邦（香港）出版集團有限公司
　　　　　　香港灣仔駱克道193號東超商業中心1樓
　　　　　　電話：(852)25086231　傳真：(852)25789337
　　　　　　E-mail：hkcite@biznetvigator.com
馬新發行所／城邦（馬新）出版集團
　　　　　　Cite (M) Sdn Bhd
　　　　　　41, Jalan Radin Anum, Bandar Baru Sri Petaling,
　　　　　　57000 Kuala Lumpur, Malaysia.
　　　　　　Tel: (603) 90578822
　　　　　　Fax:(603) 90576622
　　　　　　email:cite@cite.com.my

版面構成／歐陽碧智
封面設計／周家瑤
印　　刷／韋懋實業有限公司

初版一刷／2014年9月
ISBN／978-986-6409-85-1
定價／450元

城邦讀書花園
www.cite.com.tw

國家圖書館出版品預行編目資料

走過倉央嘉措的傳奇：尋訪六世達賴喇嘛的童年
和晚年，解開情詩佛的生死之謎 / 邱常梵著. --
初版. -- 臺北市：橡樹林文化，城邦文化出版：
家庭傳媒城邦分公司發行，2014.09
　　面；　公分. --（眾生系列；JP0094）
　　ISBN 978-986-6409-85-1（平裝）

1.達賴喇嘛六世　2.藏傳佛教　3.佛教傳記

226.969　　　　　　　　　　　　　103014894

廣　告　回　函
北區郵政管理局登記證
北 台 字 第 10158 號
郵資已付　免貼郵票

104 台北市中山區民生東路二段 141 號 5 樓

城邦文化事業股份有限公司

橡樹林出版事業部　　收

請沿虛線剪下對折裝訂寄回，謝謝！

| 橡 | 樹 | 林 |

書名：走過倉央嘉措的傳奇：尋訪六世達賴喇嘛的童年和晚年，解開情詩活佛的生死之謎　書號：JP0094

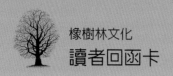

橡樹林文化
讀者回函卡

感謝您對橡樹林出版社之支持，請將您的建議提供給我們參考與改進；請別忘了給我們一些鼓勵，我們會更加努力，出版好書與您結緣。

姓名：＿＿＿＿＿＿＿＿＿＿＿　□女　□男　　生日：西元＿＿＿＿＿年

Email：＿＿＿＿＿＿＿＿＿＿＿＿＿＿＿＿＿＿＿＿＿＿＿＿＿＿

● 您從何處知道此書？

□書店　□書訊　□書評　□報紙　□廣播　□網路　□廣告 DM　□親友介紹

□橡樹林電子報　□其他＿＿＿＿＿＿＿＿

● 您以何種方式購買本書？

□誠品書店　□誠品網路書店　□金石堂書店　□金石堂網路書店

□博客來網路書店　□其他＿＿＿＿＿＿＿＿

● 您希望我們未來出版哪一種主題的書？（可複選）

□佛法生活應用　□教理　□實修法門介紹　□大師開示　□大師傳記

□佛教圖解百科　□其他＿＿＿＿＿＿＿＿

● 您對本書的建議：

＿＿＿＿＿＿＿＿＿＿＿＿＿＿＿＿＿＿＿＿＿＿＿＿＿＿＿＿＿＿＿

＿＿＿＿＿＿＿＿＿＿＿＿＿＿＿＿＿＿＿＿＿＿＿＿＿＿＿＿＿＿＿

＿＿＿＿＿＿＿＿＿＿＿＿＿＿＿＿＿＿＿＿＿＿＿＿＿＿＿＿＿＿＿

＿＿＿＿＿＿＿＿＿＿＿＿＿＿＿＿＿＿＿＿＿＿＿＿＿＿＿＿＿＿＿